BASTEI
LÜBBE

Vom Dalai Lama sind bei Bastei Lübbe Taschenbücher außerdem lieferbar:

60405 Im Einklang mit der Welt
60514 Das Buch der Menschlichkeit
60538 Mein Wegweiser zum Glück (mit Howard C. Cutler, M.D.)
61239 Das Buch der Freiheit
66401 Der Tibetische Buddhismus und der Westen
70170 Die Regeln des Glücks (mit Howard C. Cutler, M.D.)

Über die Autoren:
Der **XIV. Dalai Lama**, geboren 1935, ist seit über fünfzig Jahren das geistliche und weltliche Oberhaupt der Tibeter; Politiker und Mönch zugleich. Nach der Besetzung Tibets durch die Chinesen floh er 1959 nach Indien, wo er seitdem mit vielen seiner Landsleute im Exil lebt. Sein unermüdlicher Einsatz für Frieden, Gerechtigkeit und Verständigung wurde 1989 mit dem Friedensnobelpreis ausgezeichnet.
Victor Chan, Chinese aus Hongkong, arbeitet am Institute of Asian Research der University of British Columbia und lebt in Vancouver. Er ist seit über dreißig Jahren einer der Weggefährten des Dalai Lama.

Seine Heiligkeit
der XIV. Dalai Lama
mit Victor Chan

DIE WEISHEIT DES VERZEIHENS

Ein Wegweiser für unsere Zeit

Aus dem Englischen von
Ursula Pesch

BASTEI
LÜBBE

BASTEI LÜBBE TASCHENBUCH
Band 66410

1. Auflage: Juni 2007

Vollständige Taschenbuchausgabe der im Gustav Lübbe Verlag
erschienenen Hardcoverausgabe

Bastei Lübbe Taschenbücher und Gustav Lübbe Verlag
in der Verlagsgruppe Lübbe

Titel der englischen Originalausgabe:
The Wisdom of Forgiveness: Intimate Conversations and Journeys

Textredaktion: Werner Wahls, Köln
Umschlaggestaltung: Bettina Reubelt
nach einem Entwurf von Bianca Sebastian
Umschlagfoto: © Jayanta Shaw/Reuters/Corbis
Satz: Dörlemann Satz, Lemförde
Druck und Verarbeitung: Ebner & Spiegel GmbH, Ulm
Printed in Germany
ISBN 978-3-404-66410-8

Sie finden uns im Internet unter
www.luebbe.de

Der Preis dieses Bandes versteht sich einschließlich
der gesetzlichen Mehrwertsteuer.

Inhalt

Einleitung
Telepathie in der Prager Burg

Sie fiel mir in der Menge sofort auf. In dem kleinen Bankettsaal der Prager Burg hatte sie sich ganz nach vorn durchgeschoben, direkt bis zum samtenen Absperrseil. Sie war eine attraktive Frau, vielleicht in den Dreißigern, mit kurzem blondem Haar, einen violetten Schal um den Hals geschlungen. Die Vorfreude war ihr anzusehen.

Es war im Oktober 2000, und Präsident Václav Havel hatte den Dalai Lama und viele führende Intellektuelle der Welt zu einem Symposion über Erziehung und spirituelle Werte eingeladen. Um den zahlreichen Bitten um Interviews nachzukommen, hatte der tibetische Führer eine Pressekonferenz anberaumt. Er hatte gerade die Frage eines taiwanesischen Journalisten beantwortet. Ein halbes Dutzend Taiwaner war anwesend, und sie wollten alle wissen, was der Dalai Lama über China und Taiwan dachte.

Dann übernahm die blonde Frau das tragbare Mikrofon. Sie beugte sich vor, zwei schwere Kameras baumelten vor ihrer Brust.

»Wir leben im Internetzeitalter, und Sie kennen so viele Meditationstechniken. Ich bin sicher, Sie sind sehr vertraut mit der Telepathie …«

»Tela?« Der Dalai Lama verstand das Wort nicht. Er sah verwirrt aus.

»Telepathie«, wiederholte sie.

»Telepathy.« Er hatte es endlich verstanden.

»Ja … Einer anderen Person die eigenen Gedanken vermitteln?« Mit ernstem Gesicht schaute die Frau den Dalai Lama gespannt an. Ihrem Akzent nach zu urteilen war sie entweder Tschechin oder Deutsche.

»Ich?«, ertönte der dröhnende Bariton des Dalai Lama,

und das Wort hallte in dem großen, prunkvollen Saal wider. Die rund neunzig Journalisten und Kameraleute lachten los. »Nein. Zero«, sagte der Dalai Lama mit Nachdruck. »Über solche Kräfte verfüge ich nicht. Aber ich würde mir *wünschen*, darüber zu verfügen. Denn dann, noch bevor Sie die Frage stellen... wenn ich die Frage wüsste, würde sie mir keine Probleme bereiten.« Er konnte nicht an sich halten. Er warf den Kopf zurück und lachte lange und laut, während sich in seinem ausdrucksvollen Gesicht überall Lachfalten einnisteten. Eine tschechische Reporterin wischte sich Lachtränen aus den Augen. Alle im Raum Anwesenden begannen, die Pressekonferenz zu genießen.

Die Frau schaute einen Moment lang auf den Boden. Zweifellos war sie von der Antwort des Dalai Lama enttäuscht. Doch sie war entschlossen, sich von der allgemeinen Heiterkeit nicht abschrecken zu lassen. Sie fuhr fort: »Meine Frage ist: Haben Sie E-Mail, oder arbeiten Sie immer noch mit der Telepathie?« Sie war offensichtlich davon überzeugt, dass die Telepathie zu den zahlreichen esoterischen Fähigkeiten des Dalai Lama gehörte.

Der Dalai Lama wandte sich Hilfe suchend an Tenzin Geyche Tethong, seinen Privatsekretär. Sie sprachen kurz auf Tibetisch miteinander. Mit hochrotem Kopf wartete die Frau auf eine Antwort.

»Seine Heiligkeit selbst schreibt zwar keine E-Mails, aber alle tibetischen Behörden nutzen bereits das Internet«, erklärte Tenzin Geyche mit ruhiger Stimme.

Der Dalai Lama fügte etwas auf Tibetisch hinzu.

»Was den Computer angeht«, fuhr Tenzin Geyche fort, »weiß Seine Heiligkeit nicht einmal genau, wo der Knopf zum Einschalten ist.« Der Privatsekretär, der normalerweise in der Öffentlichkeit keinerlei Gefühlsregungen zeigt, konnte nicht anders – er erlaubte sich ein Lächeln.

Der Dalai Lama führte weiter aus: »Meine Finger…« Er hielt die Hand dicht vors Gesicht und betrachtete die gespreizten Finger. »Ziemlich gut geeignet, denke ich, um einen Schraubenzieher zu benutzen.« Nun machte er mit der rechten Hand Bewegungen, als arbeite er mit einem Tischlerwerkzeug. Sämtliche Kameras klickten.

»Ein bisschen hier basteln und ein bisschen da…« Der Dalai Lama fuhr mit seiner Handbewegung fort, während er verzückt seine Pirouetten drehenden Finger betrachtete. »Dazu bin ich zumindest in der Lage. Aber was den Computer angeht…« Er klopfte ein paarmal unbeholfen mit dem Zeigefinger auf den Tisch. »Hoffnungslos.«

Als die Pressekonferenz beendet war, scharten sich die Journalisten um den Dalai Lama, um ihm die Hand zu schütteln. Unter ihnen war auch die europäische Frau. Der Dalai Lama ging auf sie zu, sein Gesicht näherte sich ihrem, und er presste einen Finger gegen ihre Stirn. Sie stieß einen Schrei aus. Ihre rechte Hand schoss vor und ergriff seine. Dann brüllten die beiden vor Lachen, hemmungslos.

Heutzutage gilt der Dalai Lama in der ganzen Welt als internationale Ikone. Die Tatsache, dass er der Führer des tibetischen Volkes und das bekannteste Symbol des Buddhismus ist, spielt für die Öffentlichkeit eine geringere Rolle. Im Westen wird der Dalai Lama teils als asketischer Superstar, teils als knuddeliger Panda gesehen. Als er 2003 nach New York kam, hielt er im Beacon Theatre vor ausverkauftem Haus vier Tage lang Vorträge. Auf der glitzernden Markise vor dem Eingang stand: »On Stage: der Dalai Lama. In Kürze: Twisted Sister und Hot Tuna«.

Am Tag nach diesen Vorträgen hielt der Dalai Lama eine Rede im Central Park. Bei strahlend blauem Himmel drängten sich auf der East Meadow treue Fans, spirituell Suchende und einfach nur Neugierige. Anlässlich dieses Ereignisses hatte man eine von zwei riesigen Großleinwänden eingerahmte Bühne errichtet. Diejenigen, die auf den Wiesen keinen Platz mehr fanden, mussten von jenseits der Baumgrenze durch das dichte Blätterwerk hindurchsehen. Insgesamt waren etwa hunderttausend Menschen gekommen. Es war ein Mini-Woodstock, choreografiert von dem Hollywood-Star Richard Gere. Nur Billy Graham und der Papst haben mehr Menschen in den Central Park gelockt.

Der Dalai Lama war an jenem Tag gut in Form. Ich stand dicht hinter ihm und spürte, dass die Menge ihm Energie verlieh. Wie immer war er bescheiden und humorvoll und lachte aus vollem Herzen. Er sprach frei zu seinen Zuhörern: »Einige von Ihnen sind mit gewissen Erwartungen an den Dalai Lama hierher gekommen. Sie denken, der Friedensnobelpreisträger hat etwas Aufregendes oder Besonderes zu erzählen. Nichts! Ich habe nichts zu bieten, nur ein bisschen Blablabla.«

Doch dann wandte er sich einem seiner Lieblingsthemen zu: »Wir müssen alles dafür tun, um das menschliche Mitgefühl zu fördern. Wenn wir Gewalt und Krieg ablehnen, müssen wir zeigen, dass es einen anderen Weg gibt – einen gewaltlosen Weg. Betrachten wir die Menschheit als Ganzes. Tatsache ist, dass die gesamte Welt zunehmend voneinander abhängig wird. Geschieht etwas an einem entfernten Ort, sind die Auswirkungen auch dort spürbar, wo wir leben. Vernichten wir unsere Nachbarn, vernichten wir im Grunde uns selbst. Unsere Zukunft hängt vom globalen Wohlergehen ab.«

Innerhalb weniger Minuten hatte er die ungeteilte Aufmerksamkeit der Menge.

Ein tibetischer Fotograf, der offensichtlich große Ehrfurcht vor dem Dalai Lama hatte, flüsterte mir ins Ohr: »Er braucht nicht von einem Teleprompter abzulesen. Er ist das lebende Beispiel seiner Weisheit – einer für die heutige Welt so enorm wichtigen Weisheit.«

Ich war neugierig zu erfahren, ob sich der Dalai Lama jemals fragte, warum er eine so magische Anziehungskraft auf Menschen ausübt. In einem meiner Interviews mit ihm im Audienzzimmer seiner Residenz in Dharamsala in Nordwestindien sagte ich: »Ich würde Ihnen gerne eine dumme Frage stellen.« Der tibetische Führer saß wie gewöhnlich im Schneidersitz in seinem Ecksessel. »Warum sind Sie so beliebt? Was macht Sie für viele Menschen so unwiderstehlich?«

Der Dalai Lama saß ganz still da und ließ sich die Sache durch den Kopf gehen. Er tat meine Frage nicht mit einem Scherz ab, wie ich vermutet hatte.

Er antwortete nachdenklich: »Ich glaube nicht, dass ich besonders gute Eigenschaften habe. Oh, vielleicht ein paar kleine Dinge. Ich denke positiv. Manchmal werde ich natürlich ein bisschen ärgerlich. Aber in meinem Herzen gebe ich nie jemandem die Schuld, denke nie schlecht über jemanden. Ich versuche auch, mehr Rücksicht auf andere zu nehmen. Ich glaube, dass andere wichtiger sind als ich. Vielleicht mögen mich die Leute wegen meines guten Herzens.

Am Anfang sind sie, denke ich, neugierig. Dann vielleicht… Wenn ich einem Menschen zum ersten Mal begegne, ist er normalerweise kein Fremder für mich. Ich habe immer den Eindruck: Er ist ein anderes menschliches Wesen. Nichts Besonderes. Nicht anders als ich.«

Er rieb sich die Wangen und fuhr fort: »Unter dieser Haut verbergen sich das gleiche Wesen, die gleichen Wünsche und Gefühle. Ich versuche normalerweise, der anderen Person ein gutes Gefühl zu geben. Schließlich sagen viele Leute etwas Positives über mich. Dann kommen mehr Leute, folgen einfach dem Ruf… Auch das ist möglich.«

Der Dalai Lama hat seine eigene, unnachahmliche Art, Englisch zu sprechen. Als wir mit der Arbeit an diesem Buch begannen, hatte ich Schwierigkeiten, ihn zu verstehen. Er drückte sich manchmal frustrierend rätselhaft aus. Schließlich gewöhnte ich mich an seine Art zu reden und finde mittlerweile ihren Charme und ihre Direktheit ausgesprochen bezaubernd.

»Wenn Leute mit Ihnen in Berührung kommen«, sagte ich, »werden Sie manchmal sehr emotional, schon wenn sie Ihnen nur zusehen. Sie müssen Sie nicht einmal sprechen hören. Warum?«

»Manchmal fangen die Leute fast an zu weinen, wenn ein bestimmter Sänger oder Schauspieler auftritt«, antwortete der Dalai Lama. »Sie schreien, hüpfen herum und weinen. Das ist ähnlich.« Er hüpfte auf seinem Stuhl herum und ruderte ein paarmal mit den Armen.

»Sie sind wie ein Rockstar«, sagte ich.

»Ja«, antwortete der Dalai Lama nüchtern. »Aber vielleicht gibt es andere Faktoren. Wir glauben an vergangene Leben. Vielleicht hat es also etwas mit karmischen Verbindungen zu tun, mit etwas Geheimnisvollerem.« Er runzelte die Stirn und schaute in die Ferne. Ich hatte den Eindruck, dass er versuchte, aus dieser eher subtilen Erklärung seines Charismas selbst schlau zu werden.

Er wickelte das äußere Tuch seines Gewandes ab und schlang es sich erneut um den Körper.

Schließlich sagte er: »Nun, diese geheimnisvolle Ebene. Manche Leute haben zum Beispiel einen seltsamen Traum. Dieser Traum eröffnet dann eine neue Zukunft, ein neues Leben oder führt zu neuen Verbindungen mit anderen Menschen.«

Er deutete auf mich, während er seinen Gedankengang weiterverfolgte: »Nehmen wir Ihren Fall. Irgendwas hat Sie unerwartet hierher gebracht. Diese Entführung in Afghanistan. Wäre das nicht passiert, wären Sie vielleicht nicht hier. Dann hätten Sie vielleicht nicht diese Beziehung zu mir und den Tibetern aufgebaut. Dies alles, da bin ich mir sicher, hat einen Grund. Aus buddhistischer Sicht: Vielleicht gibt es karmische Verbindungen in vielen vergangenen Leben. Vielleicht fühlen sich mir deswegen heutzutage so viele Leute nahe.«

Ja, »diese Entführung in Afghanistan«. 1971 hatte ich nach Beendigung des Colleges in Utrecht ein VW-Wohnmobil gekauft, mit dem ich auf dem Landweg von Holland nach Indien fahren wollte. Nachdem ich die Türkei und den Iran durchquert hatte, unterbrach ich meine Reise und machte eine halbjährige Pause in Afghanistan – damals eine Zufluchtsstätte für Aussteiger und Möchtegernabenteurer.

Gegen Ende des Aufenthalts wurde ich zusammen mit zwei jungen Frauen – Cheryl aus New York und Rita aus München – in Kabul von drei Afghanen entführt. Mit einem auf uns gerichteten Gewehrlauf zwangen sie uns in ihr völlig verrostetes Auto und fuhren uns zu einem kleinen Dorf hoch oben im Hindukusch. Nach mehreren Tagen Gefangenschaft gelang uns die Flucht, als ihr Wagen in einer Haarnadelkurve ins Schleudern geriet und gegen eine Bergwand krachte.

Bald danach beschlossen Cheryl und ich, gemeinsam nach Indien zu reisen. Sie hatte ein Empfehlungsschreiben für eine Audienz beim Dalai Lama, der im Exil in Dharamsala lebt. Wir machten uns direkt zu der malerischen tibetischen Siedlung auf. Wenige Tage nach unserer Ankunft gewährte man uns tatsächlich eine Audienz. An einem frischen, bewölkten Frühlingstag im März 1972 begegnete ich dem geistlichen und weltlichen Führer des tibetischen Volkes zum ersten Mal.

Schicksal. Karma. Wie immer man es nennt. Ja, der Dalai Lama hatte Recht. Wäre ich nicht entführt worden, hätte ich ihn damals sicher nicht kennen gelernt. Und schon gar nicht gemeinsam mit ihm ein Buch geschrieben und ihm Fragen zu seinem Charisma gestellt.

Der Dalai Lama, der noch immer über meine Frage nach seiner überlebensgroßen Persönlichkeit nachdachte, fuhr fort: »Viele Leute mögen auch mein Lachen. Aber welche Art von Lachen, welche Art von Lächeln, weiß ich nicht.«

»Viele Leute haben sich zu diesem Lachen geäußert«, sagte ich, »zu Ihrer Verspieltheit. Sie sind beinahe siebzig, aber Sie albern noch immer gerne herum und nehmen sich selbst nicht ernst.«

»Erstens sind die Tibeter im Allgemeinen sehr fröhlich. Trotz der vielen Schwierigkeiten lachen sie gerne. Hinzu kommt meine Familie: All meine Brüder, mit Ausnahme von Gyalo Thondup [sein zweitältester Bruder], sind so«, erzählte der Dalai Lama. »Unser ältester Bruder, [Thubten Jigme] Norbu, macht immer Spaß, macht immer Witze. Mein nächstälterer Bruder, der verstorbene Lobsang Samten, erzählte sehr dreckige Witzc, war sehr lustig. Und ich. Dann der jüngste Bruder, Tenzin Choegyal, und die jüngere Schwester, Jetsun Pema, wie auch die verstorbene ältere Schwester – keiner von ihnen war ernst. Unsere Mutter auch nicht. Und auch der Vater nicht – hitzig, aber sehr fröhlich.

Im Vergleich dazu bin ich relativ ausgeglichen. Ich lasse mich von schwierigen Situationen nicht so leicht aus der Ruhe bringen, auch nicht von sehr tragischen Nachrichten. Für einen kurzen Moment bin ich traurig, aber nie lange. Es dauert wenige Minuten oder ein paar Stunden, und dann ist es vorbei. Deswegen verwende ich gewöhnlich das Bild vom Ozean. Auf der Oberfläche kommen und gehen Wellen, aber darunter bleibt er immer ruhig.«

Menschen, die mit dem Dalai Lama in Berührung kommen, scheinen zu spüren, dass er »authentisch« ist, wie Erzbischof Desmond Tutu es einmal in einem Gespräch mit mir formulierte. Und ohne genau zu wissen, warum, fühlen sie sich berührt und von seiner überlebensgroßen Menschlichkeit angezogen, sogar aus der Ferne.

Ich habe wenig Zweifel daran, dass die enorme Ausstrahlung des Dalai Lama etwas mit seiner tiefen Spiritualität zu tun hat. Seine legendäre Wärme ist einfach eine Manifestation derselben.

Ich kenne den Dalai Lama seit über drei Jahrzehnten. Er nennt mich seinen »alten Freund«. In den letzten paar Jahren, in denen wir gemeinsam an diesem Buch gearbeitet haben, wurde mir beispielloser Zugang zu ihm gewährt. Ich habe den Dalai Lama aus der Nähe beobachtet, bin mit ihm als Teil seiner Entourage gereist und habe Zeit mit ihm in seinem Zuhause verbracht. Aber es fällt mir schwer zu beschreiben, geschweige denn, genau zu bestimmen, was seine erstaunliche Anziehungskraft ausmacht. Wenn wir sein Wesen verstehen wollen, müssen wir uns mit seiner ein halbes Jahrhundert währenden buddhistischen Ausbildung und mit der einzigartigen Weise befassen, mit der er sich in der ihn umgebenden Welt bewegt.

Seine Lebenseinstellung wird weitgehend bestimmt durch eine Hand voll fundamentaler, aber nicht ganz einfach nachzuvollziehender Einsichten. Bei mehreren Gelegenheiten hat er mir etwas über zwei für ihn zentrale Prinzipien erzählt: Interdependenz und Leerheit. Ich habe genau zugehört und mir Notizen gemacht. Ich muss zugeben, es war schwierig, diese Konzepte zu verstehen. Aber da ich sein Schatten bin und unzählige Stunden mit ihm verbringe, ist es mir gelungen, einige der Eigenschaften zu identifizieren, die den Dalai Lama ausmachen. Die Prinzipien des Mitgefühls und der Gewaltlosigkeit prägen seine Vorstellung von der Welt. Und sein hartnäckiges Streben nach Versöhnlichkeit als Lösung für Konfliktsituationen bestimmt sein Handeln.

Eines weiß ich ganz sicher. Ich fühle mich gut in der Nähe des Dalai Lama. Ich weiß, dass sich die Menschen in seiner Nähe gut fühlen. Vielleicht erahnen wir intuitiv, dass er lebt, was er predigt. Wir spüren seinen ungewöhnlich reinen Kern, der es uns wie ein Licht reflektierender Spiegel ermöglicht, unsere eigene Menschlichkeit zu sehen und mit ihr in Berührung zu gelangen.

Desmond Tutu, seit vielen Jahren sein guter Freund, sagte Folgendes über den Dalai Lama, als er gemeinsam mit ihm in Vancouver, Kanada, vor vierzehntausend Zuhörern auf der Bühne stand:

»Vor ein paar Jahren war ich in San Francisco, als eine Frau auf mich zukam und mich sehr herzlich begrüßte. Sie sagte: ›Hallo, Erzbischof Mandela!‹ So als würde man zwei für den Preis von einem bekommen.

Ich bin mir ziemlich sicher, dass bei Seiner Heiligkeit dem Dalai Lama niemand diesen Fehler begehen würde.

Ist es nicht bemerkenswert, dass wir in einer Kultur, die dem Erfolg huldigt, nicht den aggressiv Erfolgreichen, den Draufgänger, den Macho bewundern? Wir beneiden sie vielleicht um ihren Kontostand, aber bewundern tun wir sie nicht.

Wer sind die Menschen, die wir bewundern? Nun, es gibt viele Dinge, die man zum Beispiel über Mutter Teresa sagen könnte, aber ›Übermutter‹ gehört nicht dazu. Wir alle verehren sie, weil sie sich so selbstlos um Obdachlose kümmert. Wir bewundern sie, weil sie gut ist. Wir bewundern Menschen wie Nelson Mandela, weil sie der Inbegriff der Großherzigkeit, der Vergebung und der Versöhnung sind.

Und wir verehren den Dalai Lama. Er gehört zu den sehr, sehr wenigen Menschen, die den Central Park in New York mit bewundernden Anhängern füllen können.

Aber warum? Warum? Weil er gut ist, gut ist, gut ist. Ich habe nur sehr wenige Menschen kennen gelernt, die so heilig sind wie Seine Heiligkeit. Ich habe nur sehr wenige kennen gelernt, die seine heitere Gelassenheit haben, seine tiefe Gelassenheit. Und seinen Humor. Er lacht gerne, ja, mit seiner Verschmitztheit kommt er einem fast wie ein Schuljunge vor. Spaß! Und überschäumende Freude!

Und das ist wirklich seltsam. Es ist seltsam für jemanden, der seit fünfundvierzig Jahren im Exil lebt. Von Rechts wegen sollte er voller Groll, Wut und Bitterkeit sein. Und das Letzte, was er wollen sollte, ist, denen Mitgefühl und Liebe entgegenzubringen, die ihn und sein Volk so abscheulich behandelt haben. Aber er tut es. Er tut es.

Und sind wir nicht alle stolz darauf, Menschen zu sein? Der Dalai Lama vermittelt uns ein gutes Gefühl hinsichtlich unseres Menschseins. Ein gutes Gefühl, in einer Zeit zu leben, in der jemand wie er unter uns weilt.«

1. Fu Manchus Spitzbart

Der Wecker klingelte um Punkt vier Uhr morgens. Erleichtert stellte ich ihn ab. Ich hatte ihn am Tag zuvor auf dem Basar gekauft und mich gefragt, ob er auch richtig funktionieren würde. In der Vergangenheit hatte ich viele frustrierende Erfahrungen mit Uhren aus Indien gemacht.

Ich zog mich rasch an, schnappte mir meine Kameraausrüstung und verließ das Wandererhotel. Ich sah die dunklen Umrisse der Dhaola-Dar-Kette, die sich am Südrand des Himalaja über die kleine Bergstation Dharamsala erhob. Es war sehr ruhig; es würde noch einige Stunden dauern, bevor die Stadt zum Leben erwachte. Keine Menschenseele war zu sehen. Ich ging schnell an dem kleinen, leeren Busbahnhof vorbei und rannte dann die sich windende Straße zur Residenz des Dalai Lama hinauf.

Tenzin Taklha, der stellvertretende Privatsekretär des Dalai Lama, wartete am Palasttor auf mich. Er trug ein kurzärmeliges Hemd und eine lange graue Hose und sah zu dieser frühen Morgenstunde ausgeruht und entspannt aus. Ich war aufgeregt, und trotz der Kühle klebte mir mein feuchtes Hemd unangenehm am Rücken.

»Es tut mir Leid, dass Sie so früh aufstehen mussten«, entschuldigte ich mich.

»Das macht nichts. Ich bin nicht oft dabei, wenn Seine Heiligkeit frühmorgens meditiert. Es ist ein seltenes Privileg für mich«, antwortete Tenzin, ein gut aussehender Mann in den Dreißigern, mit einem leichten Lächeln.

Vor einem Jahr, 1999, hatte ich damit begonnen, den geistlichen und weltlichen Führer des tibetischen Volkes für unser Buch zu interviewen. Aber an diesem Tag durfte ich zum ersten Mal so früh am Morgen mit ihm zusammen sein.

Selbst zu dieser Stunde hielten sich mehrere indische Soldaten und einige tibetische Wachen vor dem Eingang auf. Tenzin führte mich direkt durch die großen Metalltore. Ich war überrascht. Obwohl man mich inzwischen hier kannte – im vergangenen Jahr hatte ich den Dalai Lama ein halbes Dutzend Mal interviewt –, musste ich gewöhnlich immer durch eine Reihe von Metalldetektoren schreiten und wurde dann von einem tibetischen Leibwächter gründlich abgetastet. Jeder Besucher musste das über sich ergehen lassen, ohne Ausnahme.

An diesem Morgen schien ich eine unsichtbare Linie überschritten zu haben. Zumindest für den Augenblick gehörte ich zu der Hand voll Nicht-Tibeter, die zu den Vertrauten des Dalai Lama zählten. Man erlaubte mir, die Privatquartiere des Dalai Lama zu betreten, ohne mich zuvor nach versteckten Waffen durchsucht zu haben.

Ich dachte daran, wie ich im März 1972 durch ebendiese Tore gegangen war. Damals stand vor dem Eingang nur ein einsamer indischer Wachtposten. Diesen Frühlingstag, an dem ich dem Dalai Lama zum ersten Mal begegnete, werde ich immer in lieber Erinnerung behalten. Ich war siebenundzwanzig.

Ich hatte meine Garderobe damals sorgfältig ausgewählt und eine bequeme schwarze Samthose angezogen. Der Hosenboden war ein bisschen problematisch, denn er war so abgewetzt, dass man durch den Stoff hindurchsehen konnte. Mein schwarzes Baumwollhemd, das ich in Kabul gekauft hatte, war weich und leicht, und die Manschetten waren mit schmalen, handbestickten Bändern besetzt. Die

Krönung war jedoch das schwarze Kapuzencape, das ich in Marrakesch erstanden hatte. Ich hing sehr an ihm und trug es immer – wie Zorro –, es sei denn, es war wirklich heiß.

Dieses Ensemble in Schwarz passte, wie ich fand, gut zu meinem Fu-Manchu-Spitzbart. Ich hatte ihn während der vergangenen Jahre, in denen ich durch Europa und Asien gereist war, geduldig gehegt und gepflegt. Doch so langsam frustrierte mich die Sache. Der Bart war dünn und fein, und von dem üppigen Wachstum, das ich mir vorgestellt hatte, konnte keine Rede sein. Und noch etwas: Er neigte dazu, sich nach innen, in Richtung meines Adamsapfels, zu krümmen. Trotz täglicher Pflege – ich zog häufig daran, um ihn dazu zu ermutigen, sich nach der Schwerkraft zu richten – wollte er nur eins: sich verstecken.

Mein Haar war glänzend und lang. Es reichte mir fast bis zum Kreuz. Ich kämmte es gut durch und band es zu einem Pferdeschwanz zusammen. Bekleidet mit dem Besten, was ich hatte – das fließende Cape verdeckte die abgewetzten Stellen hinten auf meiner Hose –, war ich bereit für die Audienz beim so genannten Gottkönig von Tibet.

Ich wusste damals sehr wenig über den Dalai Lama und sein Land. Ich hatte die ersten zwanzig Jahre meines Lebens in Hongkong verbracht, und Tibet stand ausdrücklich nicht auf dem Lehrplan der Schulen der Kronkolonie. Die Aufmerksamkeit meiner chinesischen Mitschüler galt voll und ganz dem Westen, seinen großartigen Wirtschaftshochschulen und medizinischen Fakultäten und seinen glorreichen technologischen Fortschritten. Das eisig kalte, verbotene Land, bekannt als das Dach der Welt, zählte nicht zu den Orten, die ihre Neugier weckten.

Ich unterschied mich nicht von ihnen – außer in einem.

In der Highschool verschlang ich die Bücher von Jin Yong, dem besten Geschichtenerzähler, den ich in meiner Jugend kannte. Das Tibet, das in meiner Vorstellung entstand, wurde geformt durch Jin Yongs äußerst regen Geist. In seinen Kung-Fu-Romanen begegnete ich zum ersten Mal den rätselhaften tibetischen Lamas, die, nach jahrelanger Meditation in ihren Klausen hoch oben auf den Bergen, übernatürliche Kräfte entwickelt hatten. Dieses romantische Bild der tibetischen Mönche, der Verkörperung von Spiritualität und körperlicher Fitness, war mir im Bewusstsein geblieben.

Cheryl Crosby, eine Buddhistin aus New York, war der Grund für meine Begegnung mit dem Dalai Lama. Sie hatte von ihrer Freundin Dorje Yuthok, Matriarchin einer in New York ansässigen Aristokratenfamilie aus Lhasa, ein Empfehlungsschreiben für eine Audienz mit dem geistlichen und weltlichen Führer des tibetischen Volkes erhalten. Cheryl war nur wenige Jahre älter als ich, aber viel erwachsener. Sie war selbstsicher und fand leicht Freunde. Selbst als wir in Kabul entführt wurden, hatte sie die Geistesgegenwart, mit unseren Entführern im Gespräch zu bleiben. Nach unserer Flucht waren wir zusammen nach Dharamsala gereist.

Dort war ich zum ersten Mal in meinem Leben Tibetern begegnet. Ich sah Männer und Frauen durch die engen Straßen spazieren und ihre Gebetsmühlen drehen; viele von ihnen trugen noch immer traditionelle Gewänder und bunte, kniehohe Filzstiefel. Begierig nahm ich den Anblick ihrer freundlichen, sorglosen Gesichter in mich auf. Sie strahlten echte Wärme aus und lächelten gerne und oft. Jeder Begegnung haftete etwas Spielerisches, Fröhliches an.

Es gab keinen Zweifel daran. Dharamsala, auch bekannt als Klein-Lhasa, war der angenehmste Ort, an dem ich je gewesen war.

Am Nachmittag, an dem unsere Audienz stattfand, folgten Cheryl und ich einem tibetischen Aufseher mittleren Alters durch die Palasttore. Auf dem Gelände lehnte ein indischer Soldat auf seinem Gewehr und rauchte eine Bidi. Er schenkte uns kaum Beachtung, als wir die kurze Auffahrt zum Audienzsaal hinaufgingen. So sahen die Sicherheitsvorkehrungen für den Dalai Lama damals aus.

Der Audienzsaal, in einem warmen Gelb gestrichen, war geräumig und hell. Mit Malereien verzierte tibetische Schriftrollen hingen an den Wänden. Wir setzten uns auf einfache, aber bequeme indische Lehnstühle und warteten. Die Aussicht, jemanden kennen zu lernen, der von vielen Menschen als Gott und König betrachtet wurde, machte mich ganz aufgeregt. Doch in diese Aufregung mischte sich Besorgnis. Zwar war mein Wissen über Tibet sehr lückenhaft, doch so viel wusste ich: Die Chinesen waren in den Fünfzigerjahren in das Land des Dalai Lama einmarschiert, hatten viele seiner Untertanen getötet und ihn zur Flucht nach Indien gezwungen. Nach allem, was ich gehört hatte, mussten die Tibeter unter der Okkupation Grauenvolles erleiden. Und ich, ein Angehöriger jenes Eroberervolkes, würde nun dem obersten Führer der Tibeter gegenüberstehen. Es war unwahrscheinlich, dass der Dalai Lama nach seiner Flucht ins Exil im Jahre 1959 vielen Chinesen begegnet war. Ich hatte Angst, dass er sich mir gegenüber feindselig verhalten könnte.

Während ich mir die möglichen Szenarios durch den Kopf gehen ließ, betraten zwei junge Mönche in identischen kastanienbraunen Gewändern den Raum. Ich erkannte den Dalai Lama sofort. Er war damals siebenunddreißig Jahre alt. Doch mit seiner Brille und dem faltenlosen Gesicht sah er erstaunlich jugendlich aus. Im Unterschied zu vielen seiner Landsleute war er hellhäutig und hatte zarte Gesichtszüge. Seine sanfte, bescheidene Art war eine weitere Offenbarung. Er war schlank, ja beinahe mager. Das Gleiche galt für den Mönch neben ihm, der beträchtlich kleiner war. Später fand ich heraus, dass sein Name Tenzin Geyche Tethong und er der Nachkomme einer bekannten Familie aus Lhasa sowie der Privatsekretär und einer der Übersetzer des Dalai Lama war.

Als sich der Dalai Lama gerade hinsetzen wollte, sah er kurz zu uns herüber – und nahm mich zum ersten Mal wahr. Er starrte meinen Spitzbart an und fing an zu kichern. Es war nicht der tiefe, dröhnende Bariton, der mir inzwischen so vertraut ist, es war ein hohes Kichern, das einige Zeit andauerte. Der Dalai Lama hatte Mühe, sich zu beherrschen, und krümmte sich vor Anstrengung. Inzwischen hatte Cheryl damit begonnen, sich vor ihm niederzuwerfen. Das unerwartete Gekicher hatte sie zwar irritiert, aber sie war entschlossen, die Sache zu Ende zu führen.

Da stand ich nun an jenem Märznachmittag und fühlte mich nicht wohl in meiner Haut. Ich hatte keine Ahnung, was ich tun sollte. Ich wusste nicht, wie man sich niederwarf. Aber mir war sowieso nicht danach, vor diesem jungen Mann, der sich über mein Aussehen gar nicht wieder einkriegte, zu katzbuckeln.

Schließlich riss sich der Dalai Lama zusammen. Verlegen lächelte er Cheryl an, als sie ihm als Begrüßungsgeschenk einen *khata*, einen weißen Schal, reichte. Jetzt faltete ich auch meinen auseinander und näherte mich dem Dalai Lama. Er warf mir einen kurzen Blick zu und fing wieder an zu kichern. Selbst der ernst wirkende Tenzin Geyche grinste nun über das ganze Gesicht.

An die nächste halbe Stunde kann ich mich nur noch nebelhaft erinnern. Ich könnte nicht sagen, wie die Unterhaltung begann. Ich erinnere mich vage daran, dass Cheryl dem Dalai Lama erzählte, dass sie den tibetischen Buddhismus praktiziere und eine Freundin von Mrs Dorje Yuthok aus New York sei. Sie stellte dem Dalai Lama ein paar Fragen, vor allem zur Praxis des Buddhismus. Ich habe völlig vergessen, was sie wissen wollte und wie seine Antworten lauteten. Tenzin Geyche übersetzte sorgfältig. In jenen Tagen war das Englisch des Dalai Lama noch eine Klasse schlechter als das Pidginenglisch, das viele Inder sprechen. Ohne seinen Übersetzer wäre er verloren gewesen. Von Zeit zu Zeit wagte er es jedoch, ein paar einfache englische Sätze von sich zu geben.

Dann wandte sich der Dalai Lama mir zu. Ich hatte mir das Hirn zermartert, um mit ein paar klugen Fragen aufzuwarten. Aber ich wusste wenig über Tibet und noch weniger über den tibetischen Buddhismus. Deswegen fragte ich ihn etwas, was seit Betreten des Audienzsaals an mir genagt hatte.

Ich fragte ihn, ob er die Chinesen hasse.

Während seiner Unterhaltung mit Cheryl hatte der Dalai Lama sehr ruhig gewirkt. Jetzt richtete er sich auf seinem Stuhl auf. Er antwortete knapp und bündig und ohne zu zögern. Und auf Englisch.

»No«, sagte er.

Er sah mir in die Augen. Sein Gesichtsausdruck war

ernst, seine Heiterkeit verflogen. Ich schaute weg und starrte auf den Teppichboden.

Nach einem endlosen Schweigen sprach er ruhig und langsam auf Tibetisch mit Tenzin Geyche.

Der Privatsekretär übersetzte: »Seine Heiligkeit hegt keinen Groll gegenüber den Chinesen. Wir Tibeter leiden sehr darunter, dass sie in unser Land einmarschiert sind. Und während wir hier miteinander reden, reißen die Chinesen systematisch, Stein für Stein, die großen Klöster Tibets nieder. Fast alle tibetischen Familien in Dharamsala haben eine traurige Geschichte zu erzählen; die meisten haben aufgrund der Gräueltaten der Chinesen mindestens ein Familienmitglied verloren. Aber Seine Heiligkeit hat gesagt, für ihn handele es sich um eine Auseinandersetzung mit der Kommunistischen Partei Chinas. Nicht mit den gewöhnlichen Chinesen. Er betrachtet die Chinesen noch immer als seine Brüder und Schwestern. Seine Heiligkeit hasst die Chinesen nicht. Im Gegenteil, er vergibt ihnen vorbehaltlos.«

Es ist erstaunlich, wie deutlich ich mich drei Jahrzehnte später noch an diese Sätze erinnere. Vielleicht liegt es daran, dass die Antwort für mich so unerwartet war, sie sich so sehr von dem Bild unterschied, das Jin Yong durch seine Geschichten gezeichnet hatte. In jeder seiner Erzählungen ist Rache ein wiederkehrendes Thema. Die Ehre eines Mannes wird definiert durch das heroische und einfache Kredo: Auge um Auge – ähnlich dem Kodex der Samurai im feudalen Japan. Die Vorstellung, dass der Dalai Lama den Chinesen das, was sie seinem Volk angetan hatten, vergab, versetzte mich in Staunen.

Cheryl hatte, von der Audienz überwältigt, leise geweint. Als wir Anstalten machten zu gehen, kam der Dalai Lama zu ihr herüber und tröstete sie. Dann schüttelte er mir mit ernstem Gesicht die Hand.

Ich verließ den Audienzsaal relativ unbewegt. Ich hatte einen König erwartet, aber der Dalai Lama war einer der unköniglichsten Menschen, denen ich je begegnet war. Er war zwar freundlich, aber zu nüchtern und ein bisschen zu bescheiden. Der Dalai Lama hatte keinen Heiligenschein, und er kicherte zu viel.

Als ich später Richtung Osten weiterreiste, zuerst nach Burma und Hongkong und dann in die Vereinigten Staaten, betrachtete ich die kurze Zeit, die ich in Dharamsala verbracht hatte, rückblickend als *den* Höhepunkt meiner Reisen um die Welt. Die Tibeter, denen ich dort begegnet war, hatten einen unvergesslichen Eindruck auf mich gemacht.

Nach dieser Audienz beim Dalai Lama im Jahr 1972 spielte alles, was mit Tibet zu tun hatte, für mehr als ein Jahrzehnt eine große Rolle für mich. Es weckte auch meine schlafenden nomadischen Instinkte. Von 1984 an durchstreifte ich, mit Kathmandu als Basis, vier Jahre lang das weite, offene Land Tibets, um Recherchen für einen Reiseführer über seine ursprünglichen Pilgerstätten zu betreiben.

Das Hochland war ergreifend und atemberaubend, anders als alle Landschaften, die ich während meiner frühen Wanderjahre gesehen hatte. Die Tibeter waren so, wie ich sie aus Dharamsala in Erinnerung hatte: Sie waren freundlich, großzügig und neigten zu unerwartetem, schallendem Lachen. Die Tatsache, dass ich chinesischer Herkunft bin, hielt sie nicht davon ab, mir zu helfen.

Und überall sah man das lächelnde Gesicht des Dalai

Lama. Alle Dorfhäuser und Klöster, die ich besuchte, hatten sein Foto auf dem Altar. Jeder Tibeter, den ich kennen lernte, fragte nach ihm, oft mit Tränen in den Augen. Plötzlich nahm der Dalai Lama und alles, wofür er stand, für mich eine größere Bedeutung an. Mir ging mit einem Mal auf, dass er und seine Landsleute eine sehr einfache Religion ausüben – sie praktizieren Freundlichkeit gegenüber ihrem Nächsten.

Als sich die Metalltore der Residenz des Dalai Lama hinter uns schlossen, spazierten Tenzin Taklha und ich den breiten Asphaltweg entlang zu dem Gebäude mit den Audienzräumen, in dem stets meine Interviews mit dem Dalai Lama stattfanden. Wir gingen um dieses Gebäude und eine kleine Gebetshalle herum und schließlich durch ein dichtes Waldstück. Jenseits davon lagen die Gärten und das schöne zweistöckige Haus, in dem der Dalai Lama schläft und meditiert. Bis hierher war ich noch nie vorgedrungen.

Ein indischer Soldat, eine Schnellfeuerwaffe an sich gedrückt, patrouillierte vor dem Eingang. Ein weiterer Inder – ein schlicht gekleideter Mann, dem ein weißer Hemdschoß aus der Hose hing – beobachtete uns gelassen. Drei oder vier tibetische Leibwächter gingen schweigend auf und ab. Als wir vor dem Haus standen, fühlte ich mich unwohl – wie ein Eindringling in das innerste Heiligtum des Dalai Lama.

Wie auf ein Stichwort hin trat der tibetische Führer aus dem Haus, sah mich an, lächelte und sagte in seinem dröhnenden Bariton: »*Ni hao?*« Er begrüßt mich gerne auf Chinesisch. Er drückte mir fest die Hand und marschierte dann raschen Schrittes einen durch die Gärten führenden, sanft abfallenden Pfad hinab. Nach etwa fünfzig Metern kehrte er wieder um. Er gluckste, während er auf mich zukam; er protzte ein wenig. Wir hatten vor ein paar Monaten darüber gesprochen, wie wichtig Bewegung sei. Damals hatte er mir gestanden, dass er nicht gerne Sport treibe; dass er in dieser Hinsicht sehr faul sei. Ich hatte ihm das Versprechen abgerungen, sein Pensum von dreißig Niederwerfungen auf hundert pro Tag zu erhöhen. Nun wollte er mir unbedingt zeigen, wie ernst er seinen Frühsport nahm.

Er bedeutete Tenzin und mir, ihm zu folgen. Wir gingen eine Außentreppe zum hell erleuchteten zweiten Stock hinauf – einem großen, offenen Raum mit ein paar bequemen Sofas und Sesseln. Orientalische Läufer bedeckten Teile des Parkettbodens, und von der Decke bis zum Boden reichende Fenster nahmen die gesamte rechte Wand ein. Ich sah das steil abfallende Kangra-Tal, die Bergspitzen im sanften Licht der Morgendämmerung.

Dann führte uns der Dalai Lama in seinen Meditationsraum.

2. Zwei Mönche an der Brüstung

Der Meditationsraum des Dalai Lama war in ein weiches Morgenlicht getaucht. Die Wände säumten sorgsam gezimmerte Holzvitrinen, in denen sich zahlreiche Bronzestatuen und unzählige religiöse Artefakte befanden. Auf maßgefertigten Regalen waren zahllose, sorgsam in gelbes Tuch und prächtigen Brokat gewickelte tibetische Schriften gestapelt. Ein kunstvoller Altar beherrschte die Mitte des Raumes. Eine nur wenige Fuß hohe Statue in einem Miniatur-Tempel aus Glas und Holz nahm den Ehrenplatz ein. Der Raum war von einer heiteren Schönheit, einer bewusst zurückhaltenden Eleganz.

Tenzin Taklha bedeutete mir, mich nahe dem Eingang auf einem kleinen quadratischen tibetischen Teppich niederzulassen. Ich stellte meinen Camcorder auf ein Stativ. Ohne ein Wort zu sagen, ging der Dalai Lama hinter seinen einfachen Mahagonischreibtisch. Er zog seine Gummilatschen aus und nahm den Lotussitz ein, den Rücken gegen die holzgetäfelte Wand gelehnt. Er ordnete sein Gewand, schloss die Augen und begann zu meditieren. Ich schaltete die Kamera ein und hörte das leise Surren des Motors, als sie den tibetischen Mönch auf Digitalband aufnahm.

Der Dalai Lama hatte mir etwas über seine Morgenroutine erzählt: »Sobald ich aufwache, zurzeit genau um 3.30 Uhr, rezitiere ich einige Mantras oder Gebete. Meine ersten Gedanken gelten Buddha und seiner Lehre vom Mitgefühl, seiner Lehre von der Interdependenz. Das mache ich immer so – der übrige Tag wird bestimmt von diesen beiden Dingen: Altruismus und Interdependenz. Dann folgen ein paar Niederwerfungen. Insgesamt dauern die Niederwerfungen und ein paar andere Übungen rund dreißig Minuten. Danach bade oder dusche ich. Gegen fünf, manchmal auch 4.40 Uhr, frühstücke ich. Mein jüngerer Bruder zieht mich immer damit auf, der wirkliche Grund für mein frühes Aufstehen sei das Frühstück. Buddhistische Mönche nehmen normalerweise keine Abendmahlzeit zu sich.«

Während der Dalai Lama zu meditieren begann, gewöhnten sich meine Augen an das gedämpfte Licht. Genau auf der anderen Seite des Raumes befand sich ein von einer Vitrine aus Glas und Holz eingerahmtes Wandgemälde. Es zeigte die Gestalt eines Buddhas, gekleidet in einfache ockerfarbene Gewänder. Im Hintergrund waren Berge in üppigem Grün und sich windende Flussarme zu sehen. Mit den langen Ohrläppchen und dem Dutt, der die Erleuchtung symbolisiert, entsprach der Kopf des Buddhas traditionellen Proportionen. Sein Gesichtsausdruck war unbestimmt – eine Mischung aus Lächeln und Gelassenheit. Das ganze Gesicht – die leichten Pausbacken, das kleine Kinn, die Augenwinkel – schien Heiterkeit auszustrahlen.

Der Dalai Lama hatte beim Meditieren offensichtlich sehr schnell einen Zustand tiefer innerer Ruhe erreicht. Nichts existierte außerhalb von ihm – nicht der Raum, nicht Tenzin und ich, die nur wenige Schritte von ihm entfernt saßen. Sein Meditationsstil unterscheidet sich zum Beispiel von dem eines Zen-Meisters. Wie viele tibetische Lamas bleibt er nicht stocksteif sitzen. Es gibt immer leichte Bewegungen. Er wiegt sich, hält inne und sitzt eine Weile völlig bewegungslos da; dann murmelt er ein kurzes Mantra, greift sich mit einer Hand an den Nacken, wo ihn ein Ekzem juckt, und kratzt sich. Hätte ich ihn nicht früher schon einmal beim Meditieren beobachtet, hätte ich geschworen, dass er nervös sei.

Plötzlich rollten seine Augen in den Augenhöhlen zurück, und seine halb geöffneten Lider flatterten ungewollt. Die Intimität der Bewegung war irritierend.

Der Schreibtisch des Dalai Lama war überladen mit zahlreichen Gegenständen – seinen heiligen Schriften, Stapeln ungebundener buddhistischer Kanons, einer Glasvase mit Schnittblumen, einer verstellbaren Schreibtischlampe und einem kleinen bronzenen Buddha. Neben einer von einer winzigen Figurine gekrönten Tischuhr lag auch ein sehr teures Schweizer Armeemesser mit allen möglichen Raffinessen. Links neben dem Tisch befand sich ein kniehohes Holzschränkchen, auf dem ein roter Ablagekorb stand. Ein zweites Schränkchen von ähnlicher Höhe mit Büchern, weiteren tibetischen Schriften, drei mit Kugelschreibern und Textmarkern gefüllten Behältern und einer Flasche mit Proteinzusatz bildete die rechte Wand der kleinen Nische. Dieser Krimskrams wurde überragt von einem prächtigen Strauß gelber und roter Seidenblumen – vor allem Lilien und Rosen – in einer schiefergrauen Vase. Sie sahen erstaunlich echt aus, bis hin zu den winzigen Tautropfen auf den Blättern. Daneben lag eine Fernbedienung für einen Fernseher.

Der Meditationsraum war das private Heiligtum des Dalai Lama, ein Ort der Kontemplation und der Arbeit. Er war der einzige Ort, an dem er wirklich allein sein konnte – er beriet sich mit Beamten und empfing Besucher in den Audienzräumen nahe dem Eingang zu seiner Residenz. Hier, in diesem Raum, mobilisierte er seine inneren Kräfte – durch Meditation, durch das erneute Lesen der Worte alter tibetischer Meister –, um die notwendige Weisheit zu erlangen, sich selbst und sein Volk durch schwierige Zeiten führen zu können.

Der Dalai Lama nahm zum Meditieren die Brille ab, und da wurde mir zum ersten Mal sein Alter bewusst. Ich sah die tiefen Tränensäcke unter den Augen, die vertikalen Furchen, die unterhalb der Wangenknochen bis hinab zum Kinn verliefen. Der tibetische Führer war damals Mitte sechzig.

Es bereitet mir Vergnügen, das Gesicht des Dalai Lama zu betrachten. Es ist so anders als meins. Er hat sehr viele Falten, und jede von ihnen erzählt eine Geschichte des Kampfes, des Leids und der Freude. Obwohl ich nur zehn Jahre jünger bin, ist mein Gesicht relativ glatt, Falten sind nur leicht angedeutet. Mein Gesicht ist für mich oft eine Quelle stiller Verzweiflung. Nicht dass es hässlich oder abstoßend ist. Es ist ein normales, durchschnittliches Gesicht; aber eines, das immer Ruhe auszustrahlen scheint. Niemand würde es als lebhaft bezeichnen.

Ich wuchs in einer traditionellen chinesischen Familie auf, in der man uns nicht dazu ermunterte, unsere Gefühle offen zu zeigen. Natürlich gab es Momente, in denen ich meine ungetrübte Freude zum Ausdruck brachte – zum Beispiel wenn ich zu Neujahr von einem meiner Onkel einen Stapel *laisi* bekam, einen roten Umschlag mit einem dicken Packen Dollarscheine. Dann lief ich mit einem breiten Grinsen auf dem Gesicht herum. Und ich war auch fähig, heftige Wut zu zeigen – wenn zum Beispiel meine kleine Schwester meinen Lieblings-Kung-Fu-Roman aus dem Fenster warf. Doch meistens übte ich mich darin, ein neutrales Gesicht aufzusetzen. Ich war ungewöhnlich befangen und immer auf der Hut. Vielleicht war ich deswegen auf dem College ein so guter Pokerspieler.

Keine Gefühle zu zeigen passte mir lange Zeit ganz gut in den Kram. In den letzten Jahren ist mir jedoch bewusst geworden, dass ich dafür einen Preis bezahlt habe. Im Laufe der Zeit hat nämlich meine Fähigkeit, etwas zu empfinden, abgenommen. Das wurde vor allem deutlich, als meine Mutter starb. Ich stellte fest, dass ich bei ihrer Beerdigung bewusst Gefühle der Trauer in mir wachrufen musste. Ich war zum Inbegriff des unergründlichen Asiaten geworden.

Der Dalai Lama hingegen trägt seine Seele auf dem Gesicht. Das ist vielen Leuten aufgefallen, unter anderem Paul Ekman, einem Psychologieprofessor und weltweit führenden Experten auf dem Gebiet der Mimik.

Ekman ist ein Kenner des menschlichen Gesichts. In den letzten vier Jahrzehnten hat er es minutiös studiert, die Gesichtsmuskeln katalogisiert und untersucht, wie sie sich bewegen, um siebentausend unterschiedliche Gesichtsausdrücke zu erzeugen. Den wichtigsten von ihnen ordnete er die entsprechende emotionale Bedeutung zu. Im Laufe der Zeit ist Ekman dabei zum menschlichen Lügendetektor par excellence geworden. Nach den Anschlägen auf das World Trade Center am 11. September 2001 engagierte eine CIA-FBI-Spezialeinheit zur Terrorismusbekämpfung Ekman, um sich von ihm darin beraten zu lassen, wie man beim Verhör von Verdächtigen Lügen erkennt. Unter anderem lehrte Ekman die Agenten, nach ganz subtilen Gesichtsausdrücken zu suchen – die leichte Bewegung eines Augenbrauenmuskels (*frontalis pars medialis* genannt) zum Beispiel ist ein Anzeichen für Traurigkeit.

Ekman lernte den Dalai Lama im März 2000 während der Eighth Mind and Life Conference von Buddhisten und aus dem Westen stammenden Wissenschaftlern in Dharamsala kennen. Das Thema der Konferenz lautete: »Destruktive Gefühle«. Im Verlauf von fünf Tagen intensiver Diskussionen hatte der Psychologe reichlich Gelegenheit, den geistlichen und weltlichen Führer des tibetischen Volkes zu beobachten. Ekman wunderte sich, dass er in all den Jahren, in denen er Gesichter studiert hatte, nie eines wie das des Dalai Lama gesehen hatte. Seine Gesichtsmuskeln waren vital und geschmeidig; sie schienen jemandem in den Zwanzigern zu gehören.

Woher kam diese ungewöhnliche Diskrepanz? Ekman glaubte die Antwort zu kennen. Der Dalai Lama setzt seine Gesichtsmuskeln energischer ein als jeder andere Mensch, den Ekman kennt. Und er drückt sich sehr präzise aus. Selten sind bei ihm gemischte Signale zu sehen. Wenn er glücklich ist, ist er zu hundert Prozent glücklich. Dieses Glücksgefühl wird von keinem anderen Gefühl verfälscht.

Das Gesicht des Dalai Lama beeindruckte Ekman auch noch aus einem anderen Grund. Abgesehen von den Gesichtern kleiner Kinder war das Gesicht des tibetischen Führers das unschuldsvollste, dem Ekman in den Jahrzehnten seiner Forschung begegnet war. Und wie diese Kinder fühlte sich der Dalai Lama völlig wohl dabei, seine Gefühle zu zeigen. Er schämte sich ihrer nicht. Sie waren ihm nicht peinlich, und er sah keinen Grund, sich ihretwegen unsicher zu fühlen. Während der Konferenz erzählte ein Beobachter aus Kalifornien dem Dalai Lama, ein kleines Kind in Dharamsala sei gestorben, nachdem ein tollwütiger Hund es angegriffen habe. Der tief empfundene Schmerz des Tibeters war seinem Gesicht deutlich anzusehen. Das war für Ekman eine Offenbarung. Er zweifelte nicht daran, dass der Dalai Lama den Verlust genauso heftig empfand, als habe es sich um sein eigenes Kind gehandelt. Ekman war jedoch auch erstaunt, wie schnell dieser traurige Gesichtsausdruck wieder verschwand. Schon nach wenigen Augenblicken war alle Trauer aus dem Gesicht des Dalai Lama gewichen. Ebenso lachte er ungehemmt über irgendetwas Lustiges und war dann innerhalb von Sekunden wieder völlig konzentriert. Er klammert sich nicht an Dinge – einschließlich seiner eigenen Gefühle.

Während ich den Dalai Lama beim Meditieren beobachtete, gelang es mir, ganze fünf Minuten lang annähernd so etwas wie den Lotussitz einzunehmen, bevor der Schmerz unerträglich wurde. Ich kniete mich hin und spielte mit dem Camcorder herum. Ich fuhr erst an einer Wand entlang und nahm die alten, bemalten tibetischen Schriftrollen und die herrlichen Statuen auf und schwenkte dann zurück zum Dalai Lama. Ich konnte unmöglich so still dasitzen wie er. Die große Ruhe, die in diesem Raum herrschte, half mir auch nicht weiter. Trotz der mächtigen Wellen meditativen Glücks, die zweifellos vom Dalai Lama ausgingen, konnte ich an nichts anderes denken als an die entzündete Sehne zwischen meinem rechten Oberschenkel und meiner rechten Hüfte.

Dann fiel mir etwas ins Auge. Auf der anderen Seite des Raumes, halb verborgen zwischen einigen kleinen Bronzestatuen und einer Vase mit frischen Schnittblumen, hing ein Foto in einem kleinen dunkelgrünen Rahmen. Unter den vielen *tankas*, Kunstgegenständen, und alten Schriften schien es das einzige Foto in diesem Raum zu sein.

Und nicht nur das – es war mein Foto. Oder eher, es war mein Foto gewesen, bis ich es dem Dalai Lama vor ein paar Monaten bei einem unserer Interviews geschenkt hatte. Ich hatte das Foto 1985 in Tibet aufgenommen. Es zeigt zwei Mönche in roten Gewändern, halb über eine Brüstung auf dem Dach ihres Klosters gebeugt, von etwas gefangen genommen, das unter ihnen geschieht. Das Bild ist von hinten aufgenommen, sodass nur die Rückseite ihrer Körper zu sehen ist. Sie lehnen sich so weit über die Brüstung, dass man meint, sie könnten jeden Moment hinabstürzen. Vor ihnen ist eine niedrige Gebirgskette zu sehen.

Es ist ein wunderschönes Foto: Das tiefe, prächtige Rot der Gewänder ist so intensiv, dass man sich vorstellen kann, den Wollstoff zu berühren und zu riechen. Dann ist dort die hellbraune, gesprenkelte Mondlandschaft des Hochlandes von Tibet, die gerundeten Hügel, leicht bedeckt mit einer dünnen Schicht frischen, blau getönten Schnees, der alle Ecken und Spalten deutlich hervortreten lässt. Am rechten Rand des Fotos ist eine Gruppe hoher dunkelgrüner Bäume zu sehen – die berühmten heiligen Wacholderbäume des Klosters Reting.

Von den vielen tausend Dias, die ich Mitte der Achtzigerjahre machte, als ich Tibets heilige Orte erforschte und dokumentierte, ist dieses mein Lieblingsbild. Ich weiß nicht genau, warum. Es gibt viele andere Bilder, die den oberflächlichen Betrachter vielleicht stärker ansprechen. Und es gibt ein paar, die bessere Kandidaten für eine Doppelseite zu Tibet in der *National Geographic* wären. Aber fast zwei Jahrzehnte lang stand dieses Foto auf meinem Nachttisch. Vielleicht wegen der Art, wie die beiden Mönche sich so lässig über die Brüstung lehnen. Die kindliche, sorglose Spontaneität der Tibeter unterscheidet sich so stark von der Art, wie ich mich Menschen und Dingen gegenüber verhalte.

Als ich dem Dalai Lama das gerahmte Foto gegeben hatte, war er nicht sonderlich beeindruckt gewesen. Er hatte einen flüchtigen Blick darauf geworfen und es dann Tenzin Taklha gereicht. Er bekommt viele Geschenke, und er gibt sie fast immer zur Aufbewahrung an seine Mitarbeiter weiter. Er weiß die Geste zu schätzen, aber Gegenstände, ob schön oder nicht, sind ihm nicht sonderlich wichtig.

Doch dann hatte mich der Dalai Lama plötzlich gefragt: »Welcher Ort ist das?«

»Es ist das Kloster Reting, Eure Heiligkeit«, antwortete ich.

»Reting!«, sagte er. »Ich war 1956 dort.«

Er nahm dem verdutzten Tenzin das Foto wieder ab und sah es sich genau an.

»Reting. Ich erinnere mich gut daran. Ich fühlte mich diesem Kloster besonders verbunden.«

»Von den vielen Fotos, die ich in Tibet gemacht habe, war dieses immer in meiner Nähe.«

»Nun, wir verbinden mit Reting wohl beide etwas Besonderes«, sagte der Dalai Lama. »Ich war tief bewegt, als ich dort war. Aus einem unbekannten Grund fühlte ich mich dem Ort sehr verbunden. Seitdem habe ich oft daran gedacht, bei diesem Kloster eine Klause zu bauen und dort den Rest meines Lebens zu verbringen.«

Damals war ich davon ausgegangen, das Foto werde in irgendeiner Schatzkammer der Residenz aufbewahrt werden und sich mit all den wundersamen Geschenken und Andenken, die der Dalai Lama im Laufe der Jahre erhalten hatte, um einen Platz streiten. Deswegen war ich verblüfft, mein Foto hier zu sehen.

Tenzin bemerkte, dass ich das Foto anstarrte, und grinste über das ganze Gesicht. Er hatte die Hände im Schoß gefaltet, aber ich sah, dass ein Daumen nach oben gestreckt war.

Ja, ich war gerührt und sehr stolz, dass mein Foto im Meditationsraum hing, dem Dalai Lama so nahe. Ich wollte glauben, dass er es dort aufbewahrte, weil er eine Schwäche für mich hatte. Aber ich wusste, dass es wohl eher dort hing, weil das Kloster Reting einen besonderen Platz in seinem Herzen einnahm.

Draußen wurde es heller; die Vögel begannen zu zwitschern. Im Kangra-Tal lichtete sich der Nebel ein wenig.

»Reicht das?«, fragte mich der Dalai Lama, der nun offensichtlich seine Morgenmeditation beendet hatte.

»Ja, danke, Eure Heiligkeit«, antwortete ich. Was hätte ich auch sonst sagen sollen? Ich würde gerne den ganzen Tag mit Ihnen verbringen?

Er erhob sich hinter seinem Schreibtisch. Tenzin und ich rappelten uns hoch.

Der Dalai Lama ging hinüber zu dem Wandgemälde und kramte zwischen den kleinen Bronzestatuen und Fettlämpchen herum, die auf dem Bord standen. Dann sah er über die Schulter und sagte: »Kommen Sie her.«

Er reichte mir eine kleine Replik eines indischen Klosters. Sie war aus grauem Stein, etwa neun Zentimeter groß und sorgfältig gearbeitet. Ein fünfstöckiger zentraler Turm saß auf dem Dach eines zweistöckigen Gebäudes; vier kleinere Türme markierten die vier Ecken. Der Künstler hatte auf jedem Stockwerk winzige Fenster, Türen und andere Details eingemeißelt. Für einen solch kleinen Gegenstand war er erstaunlich schwer.

»Der Tempel in Bodh Gaya. Für Sie«, sagte der Dalai Lama. Bodh Gaya – der Ort, an dem Buddha erleuchtet wurde – ist die wichtigste Pilgerstätte der Buddhisten.

Dann gab der Dalai Lama mir noch einen zweiten Gegenstand – einen Halbedelstein von der Größe einer großen Murmel, eingefasst in Bronze. Der Stein hatte verschiedene Brauntöne, und durch seine Mitte verlief ein weißer Streifen. Ich hatte keine Ahnung, um was für einen Stein es sich handelte. Der Dalai Lama sagte nichts dazu.

Die Geschenke überraschten mich. Abgesehen von dem obligatorischen *khata* – dem weißen Schal, der traditionell als Begrüßungsgeschenk überreicht wird – hatte ich nie Geschenke von ihm erhalten. Da sich diese beiden Gegenstände im Meditationsraum des Dalai Lama befanden, nahm ich an, dass sie für ihn eine besondere Bedeutung hatten.

Der Dalai Lama nahm meine Hand behutsam in seine und führte mich zur Tür. Dann drehte er sich unvermittelt zu einer Vitrine mit weiteren Bronzestatuetten und anderen fantastisch aussehenden Objekten um. Er kramte in der Vitrine herum, als suche er etwas.

»Aha!« Erfreut hielt er eine Statuette hoch, die mahagonifarbene Figur eines alten Mannes mit einem Bart, der ihm bis zur Taille reichte. Der Mann, dessen Züge eindeutig asiatisch waren, hatte ein großflächiges Gesicht mit einer kräftigen Nase und buschigen Augenbrauen. In der rechten Hand hielt er einen Stab. Es war die Skulptur eines chinesischen Weisen.

»Für Sie. Bis bald«, sagte der Dalai Lama.

Zurück in meinem Hotel, summte ich ein paar Takte von *A Whiter Shade of Pale*, während ich in meinem Tagesrucksack herumkramte. Meine Zimmertür stand offen, und ich sah eine Tibeterin Wäsche auf einem Dach unterhalb des Hotels zum Trocknen aufhängen. Auch sie summte eine Melodie, doch ich konnte nicht hören, welche, dazu war sie zu weit von mir entfernt. Ich nahm meine Videoausrüstung heraus, um mir anzusehen, was ich an diesem Morgen aufgenommen hatte. Ich schaltete den Camcorder ein und ließ das Band zurücklaufen. Die ersten Bilder auf dem kleinen LCD-Bildschirm zeigten den Dalai Lama, der hinter seinem Schreibtisch im Meditationsraum saß. Er bereitete sich auf seine Meditation vor. Die Beleuchtung war ausreichend und der Ton gut. Plötzlich huschten horizontale Streifen über den Bildschirm. Statt des Wandgemäldes waren nur halb durchsichtige Balken in verschiedenen Grautönen zu sehen. Der Dalai Lama war völlig vom Bildschirm verschwunden.

Ich drückte auf die Vorspultaste. Die Streifen wackelten und tanzten. Ich hielt das Band an und drückte auf Play. Streifen. Nichts als Streifen. Ich ließ das Band ganz zurücklaufen und spielte noch einmal den Anfang ab. Die Farben waren wegen des geringen Lichtes verschwommen, aber die Bilder vom Dalai Lama, der gerade den Lotussitz einnehmen wollte, waren scharf. Die Bilder von der anschließenden Meditation waren gelöscht. Ich ließ das Band immer wieder vor- und zurücklaufen, bis die Batterie leer war.

3. Der Mann aus Derry

Ich war früh zu meinem Interview mit dem Dalai Lama in seinem Audienzsaal in Dharamsala erschienen. In dem geräumigen Saal, hübsch voll gestopft mit großen indischen Sesseln und Sofas, hielten sich natürliches und künstliches Licht auf angenehme Weise die Waage. Durch zahlreiche große Fenster strömte, teilweise gefiltert durch violette Bougainvilleen und grüne Zweige draußen auf der Veranda, strahlendes Tageslicht herein. Acht farbenprächtige tibetische Schriftrollen, die je einen Aspekt der Göttin Tara repräsentierten, hingen dicht unter der Decke.

Aber mein Blick wurde von etwas Eigenartigem in diesem Raum angezogen. Auf einer Fensterbank nahe dem Eingang stand, so als sei sie nachträglich dort abgestellt worden, eine Kristallskulptur des Kapitols in Washington, D.C. Die knapp fünfzig Zentimeter hohe Skulptur wirkte massiv. Ich ging hinüber, um sie mir genauer anzusehen. Am Fuß der Skulptur befand sich eine Inschrift. Es war der Raoul Wallenberg Congressional Human Rights Award, den der US-Abgeordnete Tom Lantos dem Dalai Lama überreicht hatte.

Dieser Preis, benannt nach dem schwedischen Diplomaten, der tausende Juden aus Vernichtungslagern der Nazis rettete, wurde dem Dalai Lama am 21. Juli 1989 verliehen. Kaum drei Monate später, am 5. Oktober, gab das norwegische Nobel-Komitee in Oslo bekannt, der Tibeter habe auch den Friedensnobelpreis gewonnen, und zwar aufgrund seiner konsequenten Ablehnung von Gewalt und seinem Eintreten für »auf Toleranz und gegenseitigem Respekt basierende friedliche Lösungen, um das historische und kulturelle Erbe seines Volkes zu bewahren«.

Der zu diesem Zeitpunkt vierundfünfzigjährige Dalai

Lama war der erste Asiate, der sich den Friedensnobelpreis nicht mit jemandem teilen musste. Während der Bekanntgabe der Entscheidung räumte der Vorsitzende des Nobel-Komitees, Egil Aarvik, gegenüber Reportern ein, mit dem Mittel der Gewaltlosigkeit habe sich in den vergangenen drei Jahrzehnten keine Unabhängigkeit für Tibet erzielen lassen. Er glaube jedoch, es gebe keine anderen ehrenvollen Lösungen. »Natürlich kann man sagen, sie sei ein bisschen zu unrealistisch«, meinte er hinsichtlich der Gewaltlosigkeit. »Aber wenn man die heutige Welt betrachtet, worin liegt dann die Lösung für Konflikte? Werden Gewalt und militärische Macht die Lösung sein? Nein … Der Weg des Friedens ist realistisch. Deswegen fiel die Wahl auf den Dalai Lama – weil er auf unmissverständliche und hervorragende Weise seine Friedensphilosophie vertritt.«

Den Kern der Friedensphilosophie des Dalai Lama bildet seine Fähigkeit zur Versöhnlichkeit. Als ich den Dalai Lama vor etwa drei Jahrzehnten kennen lernte, erzählte er mir, er habe den Chinesen das, was sie den Tibetern angetan hätten, vergeben. Damals hatte mich das überrascht. Im bevorstehenden Interview wollte ich nun mehr darüber erfahren. Als der Dalai Lama den Audienzsaal betrat und sich mir gegenübersetzte, kam ich sofort zur Sache: »Eure Heiligkeit, ich hielt es für natürlich, dass Sie den Chinesen gegenüber Groll hegen. Doch Sie haben mir gesagt, das sei nicht der Fall. Aber verspüren Sie nicht ihnen gegenüber, zumindest manchmal, ein tiefes Gefühl der Feindseligkeit?«

»So gut wie nie«, antwortete der Dalai Lama. »Die Sache ist die: Wenn ich gegenüber denen, die mir Leid zufügen, negative Gefühle entwickle, zerstört das nur meinen Seelenfrieden. Aber wenn ich ihnen vergebe, empfinde ich innere Ruhe. Was unseren Kampf für Freiheit angeht: Wenn wir ihn statt mit Zorn und Hass mit wahrer Versöhnlichkeit führen, wird er umso effektiver sein. Ein Kampf mit Gelassenheit, mit Mitgefühl. Die analytische Meditation hat mich vollständig davon überzeugt, dass destruktive Gefühle wie Hass wertlos sind. Inzwischen empfinde ich keinen Zorn oder Hass mehr. Aber manchmal bin ich ein bisschen verärgert.«

Wann immer der Dalai Lama über Versöhnlichkeit spricht, führt er als Beispiel gerne die Geschichte von Lopon-la an, einem Mönch aus Lhasa, dessen Bekanntschaft er vor der chinesischen Okkupation gemacht hatte.

»Nachdem ich aus Tibet geflohen war, wurde Lopon-la von den Chinesen ins Gefängnis geworfen«, erzählte mir der Dalai Lama. »Er blieb dort achtzehn Jahre. Als er endlich frei war, kam er nach Indien. Ich hatte ihn zwanzig Jahre nicht gesehen. Aber er schien sich nicht verändert zu haben. Natürlich sah er älter aus. Aber er war körperlich gesund. Sein Verstand war nach so vielen Jahren Gefängnis noch immer scharf. Er war noch immer derselbe freundliche Mönch. Er erzählte mir, die Chinesen hätten ihn gezwungen, seinen Glauben zu verleugnen. Sie folterten ihn sehr oft im Gefängnis. Als ich ihn fragte, ob er je Angst gehabt habe, antwortete Lopon-la: ›Ja, vor einer Sache hatte ich Angst. Ich hatte Angst, mein Mitgefühl für die Chinesen zu verlieren.‹ Das hat mich zutiefst gerührt und auch sehr inspiriert.«

Der Dalai Lama hielt inne. Er zupfte seine kastanienbraunen Gewänder zurecht und schlang sie sich eng um den Körper.

»Nun. Lopon-la. Seine Versöhnlichkeit hat ihm während der Zeit im Gefängnis geholfen. Sie sorgte dafür, dass seine schrecklichen Erfahrungen mit den Chinesen nicht noch schlimmer wurden. Mental und emotional hat er nicht allzu sehr gelitten. Er wusste, dass er nicht entkommen konnte. Deswegen beschloss er, die Realität zu akzeptieren, statt durch sie traumatisiert zu werden.«

Der Dalai Lama ist davon überzeugt, dass die Macht der Versöhnlichkeit Lopon-la half, all die Jahre im Gefängnis ohne bleibenden seelischen Schaden zu überstehen. Auf einer meiner Europa-Reisen mit dem Dalai Lama lernte ich einen Mann kennen, dessen Leben, so wie das Lopon-las, durch seine Fähigkeit zur Versöhnlichkeit bereichert wurde.

Das Europa-Hotel in Belfast ist meiner Ausgabe des Großbritannien-Führers *Lonely Planet* zufolge das meistbombardierte Hotel Europas. Auf dem Höhepunkt des Nordirland-Konflikts, dieses drei Jahrzehnte währenden Brudermords zwischen Katholiken und Protestanten in Nordirland, wurde es zweiunddreißigmal bombardiert. Seit das Hotel 1993 splitterfeste Fenster einbauen ließ, sind die Bombardements zurückgegangen.

Nach einem Frühstück im eleganten Restaurant, das neben dem marmornen Foyer des Europa-Hotels lag, spazierte ich zur nur ein paar Straßen entfernten prachtvollen Waterfront Hall. Der brandneue Rundbau aus Glas und Granit hatte eine erstaunliche Ähnlichkeit mit dem Raumschiff *Enterprise*. Die zweiundfünfzig Millionen US-Dollar teure Konzerthalle ist ein Symbol der Hoffnung und der Erneuerung für das gebeutelte Belfast. Und wie in Bilbao das Guggenheim-Museum hat sie der Stadt einen festen Platz auf der kulturellen Karte Europas erobert.

Ich war in der Waterfront Hall, um mich mit dem Dalai Lama zu treffen. Der tibetische Führer besuchte Belfast zum ersten Mal. Er war dort, um an einer von Pater Laurence Freeman, einem Benediktinermönch, organisierten interreligiösen Friedenskonferenz teilzunehmen und um einige der Unruheherde Nordirlands zu besuchen.

Ich fand den Dalai Lama in einem Aufenthaltsraum neben dem Hörsaal. Er stand neben Pater Laurence und Seamus Mallon, dem Führer der Katholiken Nordirlands. Mallon trug einen langen weißen Schal, den der Tibeter ihm als Zeichen der Freundschaft geschenkt hatte. Der Ire, ein Mann Mitte sechzig mit Brille und weißem Haar, sah älter aus, als er war. Als zentrale Figur in Irlands Friedensprozess hatte er sich seit Jahren keine Ruhe gegönnt. Er fragte gerade den tibetischen Führer, wie ihm sein Land gefalle.

»Es ist sehr schön. Und die Leute sind...« Der Dalai Lama suchte nach dem richtigen Wort. »Warmherzig«, kam ihm Tenzin Geyche Tethong zu Hilfe. Der kleine, aber vornehm aussehende Tenzin Geyche hatte dem tibetischen Führer die meiste Zeit seines Lebens als Berater gedient. Er war Mönch gewesen, hatte jedoch vor einiger Zeit seine Mönchsgewänder abgelegt.

»Ja, die Menschen sind sehr warmherzig.«

Dann beugte sich der Dalai Lama zu Mallon vor und sah ihn eindringlich an.

»Aber die Mauer zwischen den Menschen, den Katholiken und den Protestanten... das ist schlimm. Wie eine kleine Berliner Mauer.«

Die »kleine Berliner Mauer« ist eine fünf Meter hohe Konstruktion aus Beton und Metall mit einer Doppelreihe Stacheldraht obendrauf, die Katholiken und Protestanten davon abhalten soll, einander an die Gurgel zu gehen. In strategischen Abständen sind Überwachungskameras angebracht. Die Trostlosigkeit, die dort herrscht, ist nicht zu übersehen. Auf beiden Seiten der Mauer gibt es leere Grundstücke, auf denen Schutt, Stacheldraht und Trümmer verstreut liegen. Die Iren nennen diese Wand, die nicht weit vom Zentrum Belfasts entfernt ist, die Peace Line.

Eine Straße weiter liegt der Pony Club. Die Wände stehen noch, aber das Dach ist eingestürzt, die freigelegten Balken sind von Brandbomben verkohlt. Es sieht aus, als befinde sich der Klub seit Jahren in diesem Zustand. Die Gegend ist wie geschaffen für einen Fotojournalisten. Ganze Häuserfassaden sind bemalt mit eindrucksvollen, farbigen Bildern aus dem Nordirland-Konflikt. Die meisten von ihnen verherrlichen Schlachtrufe der Kontrahenten. Maskierte, schwarz gekleidete Männer drücken Maschinengewehre an sich. Unter einem vier Stockwerke hohen Porträt von Bobby Sands – dem gefeierten IRA-Mitglied, das 1981 wegen Großbritanniens rücksichtsloser Behandlung von IRA-Gefangenen in den Hungerstreik trat und sich zu Tode fastete – stand: Unsere Antwort wird das Lachen unserer Kinder sein.

Am ersten Tag seines Besuches kam der Dalai Lama zu der Mauer, um im Lanark Way einen Baum zu pflanzen. Er stieg auf der protestantischen Seite aus dem Wagen; eine große Menschenmenge hieß den Dalai Lama willkommen, darunter viele Kinder in Schuluniformen, die bunte tibetische Gebetsfahnen schwenkten. Der Dalai Lama ging zu ihnen, unterhielt sich mit ihnen und schüttelte Hände.

Dann ging er zu den schweren Stahltoren hinüber. Als die Polizei, die Royal Ulster Constabulary, sie öffnete, ertönte von beiden Seiten der Mauer lauter Jubel. Der Dalai Lama durchquerte langsam die Peace Line zur katholischen Springfield Road, wo ebenfalls Kinder große Willkommenstransparente hochhielten. Diese Tore werden normalerweise nur einmal pro Jahr geöffnet – im Juli, wenn der protestantische Oranierorden dort hindurch auf die katholische Seite marschiert, eine provokative Show der Dreistigkeit, welche die permanenten Spannungen in Belfast verschärft.

An der Peace Line sagte der Dalai Lama den beiden sich bekriegenden Bevölkerungsgruppen, die beste Möglichkeit, Konflikte zu vermeiden, sei die Mäßigung der Gefühle.

»Wenn menschliche Gefühle außer Kontrolle geraten«, sagte er ihnen, »dann kann der beste Teil des Gehirns, der, mit dem wir Urteile fällen, nicht richtig funktionieren. Natürlich wird es immer einige Konflikte, einige Meinungsverschiedenheiten geben. Aber wir sollten die Meinungsverschiedenheiten positiv nutzen und versuchen, die unterschiedlichen Ansichten als Energiequelle zu verstehen. Versuchen Sie, die Gewalt auf ein Minimum zu reduzieren, und zwar nicht durch Gegengewalt, sondern mittels Einsicht und Respekt. Wenn wir im Dialog bleiben, die Interessen des anderen verstehen und ihm unsere eigenen mitteilen, lassen sich Probleme lösen.«

Tibet hat entsetzlich unter der Herrschaft der Chinesen gelitten. Der Dalai Lama konnte also aus einem tiefen

Quell der Erfahrung und des Schmerzes schöpfen, als er zu der Menge über die Sinnlosigkeit von Gewalt sprach.

»Ist es nicht unglaublich, dass Menschen des gleichen christlichen Glaubens einander bekämpfen?«, fragte er, während er den Blick über die Gesichter der vor ihm stehenden Katholiken und Protestanten schweifen ließ. »Das ist doch töricht. Ich habe das Gefühl, mir schwirrt der Kopf von all Ihren Problemen. Wenn man den Buddhismus und das Christentum vergleichen würde, ja, da gibt es große Unterschiede. Aber zwischen Protestanten und Katholiken? Nicht der Rede wert! Zwischen Ihnen und mir gibt es mehr Unterschiede als zwischen Ihnen untereinander. Aber ich wünsche Ihnen, dass Sie nie die Hoffnung verlieren. Ich kann nichts tun. Wie die Sache letztlich ausgeht, das haben die Menschen in Nordirland in der Hand.«

Am Ende seiner Rede fragte der Dalai Lama die Menge: »Hilft Ihnen das?« Beifall brandete auf. Dann sagte er: »Wenn es Ihnen hilft, dann vergessen Sie es bitte nicht. Hilft es Ihnen nicht«, er lachte, »dann vergessen Sie es.«

Seitlich vom Dalai Lama standen ein protestantischer Pfarrer und ein katholischer Priester. Er zog die beiden Männer zu sich heran und umarmte sie. Und dann griff er mit einem spitzbübischen Funkeln in den Augen nach oben und zog an ihren Bärten. Die Menge war entzückt. Den Dalai Lama faszinieren Bärte, und er kann der Versuchung nicht widerstehen, mit ihnen herumzuspielen.

Der *Belfast Telegraph* brachte auf der Kommentarseite eine Karikatur zu diesem Besuch: Drei Schlägertypen sahen den lächelnden Dalai Lama, der nahe der Peace Line den jungen Baum pflanzte, finster an. Ihr Anführer knurrte: »Ist ja alles gut und schön, aber bist du nun ein katholischer Buddhist oder ein protestantischer Buddhist?«

Am folgenden Nachmittag geleitete der höchste Verwaltungsbeamte Belfasts den Dalai Lama in ein gut ausgestattetes Büro in der City Hall, eine als Ulster Hall bekannte, berühmt-berüchtigte protestantische Hochburg. Der Dalai Lama ließ sich auf einen Stuhl fallen und streckte die Beine von sich. Er war müde von einem Abstecher nach Derry. Nach der Sitzung in der Waterfront Hall früh am Morgen war er mit einem Privatflugzeug dorthin geflogen, um vor vierunddreißig Katholiken und Protestanten – allesamt Opfer von Terroranschlägen, die in den vergangenen dreißig Jahren dreitausendsechshundert Menschenleben gefordert hatten – über Versöhnlichkeit zu sprechen. Während der kurzen, viertelstündigen Pause vor dem nächsten Termin hatte der Dalai Lama Gelegenheit, über den Ausflug nach Derry, bei dem ihn Pater Laurence begleitet hatte, nachzudenken. Aufgrund ihrer gemeinsamen Ideale und ihres gegenseitigen Respekts waren die beiden in den letzten Tagen unzertrennlich gewesen.

Pater Laurence, in den für ihn typischen weißen Gewändern, wirkte munter. Falls er müde war, ließ er es sich nicht anmerken.

»Sie erinnern sich doch an diesen jungen Mann aus Derry, Richard Moore. Er erblindete im Alter von zehn Jahren«, lieferte Pater Laurence dem Dalai Lama ein Stichwort.

»Durch irgendeine Schießerei.« In den Dalai Lama kam Leben; er rutschte auf seinem Stuhl hin und her und setzte sich etwas aufrechter hin. »Aber er ist voller Ideale, voller Enthusiasmus.«

Pater Laurence sah zu mir herüber.

»Wissen Sie, Seine Heiligkeit ist ein sehr fröhlicher Mensch, und dieser Mann ist ebenfalls sehr fröhlich, und so haben die beiden gleichermaßen zu diesem Treffen mit den Opfern beigetragen.«

»Etwas war lustig. Sie fragten nach …« Die Stimme des Dalai Lama verlor sich, und er kicherte. Dann fuhr er sich mit der Hand über das Gesicht.

Pater Laurence, der genau wusste, worauf der Dalai Lama hinauswollte, nahm den Faden auf. »Richard sah keine Schwärze, und so habe ich ihn gefragt: ›Was sehen Sie?‹ Er antwortete: ›Na ja, ich sehe Menschen, ich stelle sie mir vor.‹ Und ich habe gefragt: ›Wie sieht der Dalai Lama aus?‹«

Der Dalai Lama mischte sich ein: »Dann ließ ich ihn mein Gesicht berühren.« Er ließ die Hand wieder über sein Gesicht kreisen. Dann griff er sich an die Nase. »Und meine Nase. Und er sagte: ›Oh, eine große Nase!‹« Der Dalai Lama klatschte in die Hände und schüttelte sich vor Lachen.

»Ja«, fuhr Pater Laurence fort. »Und dann haben Sie ihn gefragt, wie lange es gedauert hat, das Trauma zu überwinden, erblindet zu sein.«

»Und er hat geantwortet: ›Eine Nacht.‹«

Ich hatte Probleme mit dieser knappen Antwort. An Richard Moores Stelle hätte ich völlig anders reagiert. Ich konnte mir nicht vorstellen, einen derartigen Verlust so schnell zu verwinden.

Einige Monate nach dem Nordirland-Besuch des Dalai

Lama telefonierte ich mit Richard Moore. Die Tatsache, dass er den Verlust des Augenlichts so erstaunlich nüchtern hatte akzeptieren können, hatte meine Neugier geweckt.

»Es gab mehrere Gründe, warum ich es so schnell akzeptierte, blind zu sein«, sagte er mir. »Ich habe sofort sehr viel Unterstützung von meiner Familie und meinen Freunden erfahren. Die regionalen und überregionalen Medien schenkten der Sache viel Aufmerksamkeit. Führende Politiker kamen zu mir nach Hause und bemutterten mich. Über Nacht war ich berühmt geworden, und man gab mir das Gefühl, wichtig zu sein. Und noch etwas. Ich hatte Glück: Ich war schon immer ein fröhliches Kind; ich war von Natur aus fröhlich und zufrieden.«

»Waren Sie jemals deprimiert?«, fragte ich.

»Zwei Wochen nach meinem Krankenhausaufenthalt«, antwortete Moore, »ging mein Bruder mit mir im Hinterhof spazieren. Er fragte mich, ob ich wisse, was passiert sei. Ich sagte, ja, man habe auf mich geschossen. Er fragte, ob ich wisse, welchen Schaden ich davongetragen habe. Ich sagte, das wisse ich nicht. Dann erzählte er mir, dass ich ein Auge verloren hätte und mit dem anderen nicht mehr würde sehen können. In jener Nacht habe ich bitterlich geweint. Ich weinte, weil ich das Gesicht meines Daddys und meiner Mummy nicht mehr würde sehen können. Aber das war's. Am nächsten Tag akzeptierte ich mein Schicksal.

Natürlich gab es sehr schmerzliche Augenblicke. Ich war bei der Geburt meiner Kinder dabei, aber ich konnte sie nicht sehen. Sie gingen zur Erstkommunion. Ich hätte alles darum gegeben, sie zu sehen. Und dann all die Weihnachtsmorgen… Alles hat seinen Preis. Aber ich lasse es nicht zu, dass die Sache den Rest meines Lebens beherrscht. Mein Daddy hat immer gesagt: ›Lass dir von einer Wolke nie einen sonnigen Tag verderben.‹«

Es fällt mir schwer, ein ausgeschossenes Auge auf die gleiche Stufe mit einer vorüberziehenden Wolke zu stellen.

»Wie kam es dazu, dass man auf Sie geschossen hat?«, fragte ich ihn.

»Am 4. Mai 1972 – ich war zehn Jahre alt – gab es Unruhen auf den Straßen. Ich kam dazu und warf einen Stein nach einigen britischen Soldaten.«

Moore schwieg einen Moment lang.

Er fuhr fort: »Und dann, na ja, ich kann mich nicht erinnern, was als Nächstes passierte. Ein Soldat feuerte aus der Nähe ein Gummigeschoss ab, und ich wurde ins rechte Auge getroffen. Einer meiner Lehrer war dort, aber er erkannte mich nicht, weil mein Gesicht so entstellt war. Mein Daddy stieg zu mir in den Krankenwagen. Aber er ließ meine Mutter nicht herein; er wollte nicht, dass sie mich sah. Einer ihrer Brüder war im Januar 1972 erschossen worden, am Bloody Sunday.«

»Welche Gefühle haben Sie gegenüber dem Soldaten, der auf Sie geschossen hat?«, fragte ich.

»Ich weiß, dass es seltsam klingt«, sagte Moore, »aber ich empfinde ihm gegenüber keine Bitterkeit – ehrlich gesagt würde ich ihn gerne kennen lernen. Ich will Ihnen etwas sagen. Ich glaube, was mir am meisten im Leben geholfen hat, ist wohl die Tatsache, dass ich ihm nichts nachgetragen habe. Ich habe ihm völlig und vorbehaltlos vergeben.«

Richard Moores Fähigkeit zu vergeben ließ ihn in seinem Leben ungeahnte Richtungen einschlagen. Vor einigen Jahren gründete er eine Organisation namens Children in Crossfire, die Kinder in Not in Asien, Afrika und Lateinamerika unterstützt. Vor kurzem war er in Bangladesch, um dort im Rahmen dieser Organisation mitzuhelfen.

Ich erzählte Moore, der Dalai Lama sei von seiner Unverwüstlichkeit, von dem, was er aus seinem Leben gemacht habe, beeindruckt gewesen. Und dann fragte ich ihn, was er vom Dalai Lama halte.

»Nach seiner Ansprache in Derry an jenem Morgen lud er mich ein, beim Mittagessen neben ihm zu sitzen«, sagte Moore. »Er selbst hat mich bedient. Er hat Rinder-Curry und Reis auf meinen Teller gehäuft und mich dann gefragt, ob es genug sei. Er hat mir meine Gabel und mein Messer gereicht. Er hat mir gezeigt, wo mein Orangensaft stand. Ich spürte, dass Wärme von ihm ausging, ein ganz starkes Gefühl der Liebe. Nichts, was man anfassen kann. Ich habe mich nur wohl und wie zu Hause gefühlt.«

Nach dem Mittagessen machte sich Moore, während der Dalai Lama mit einem Rundfunkjournalisten plauderte, auf den Weg zum Wagen des Dalai Lama, um dort auf ihn zu warten und sich von ihm zu verabschieden.

»Ich war gerade losgegangen«, erzählte mir Moore, »als ich hinter mir das Geräusch laufender Füße hörte. Es war der Dalai Lama. Er rannte, um mich einzuholen. Er war außer Atem. Und er rief: ›Warten Sie auf Ihren Freund! Warten Sie auf Ihren Freund!‹ Dann gingen wir gemeinsam zu seinem Wagen. Er umarmte mich fest und fuhr davon.«

Nach seinem Treffen mit den Opfern von Terroranschlägen flog der Dalai Lama von Derry aus zurück nach Belfast, wo er eine kleine Rede hielt, in der es um die Notwendigkeit ging, Frieden zwischen Katholiken und Protestanten zu schaffen. Colin McCrory, ein zwölfjähriger Junge mit kurz geschorenem Haar, überreichte ihm einen Blumenstrauß. Der Dalai Lama ergriff die Hände des Jungen und schüttelte sie kräftig. Nach der Feierlichkeit beschloss Colin, noch immer in Hochstimmung durch die Begegnung mit dem Dalai Lama, zu Fuß zurück zu seiner Schule, der protestantischen Hazelton Integrated, zu gehen. Ein großer Fehler. Er hätte stattdessen mit seinen Freunden den Bus nehmen sollen. Unterwegs lief er einer Gruppe von etwa zehn Teenagern über den Weg, die wissen wollten, auf welche Schule er gehe. Nachdem sie die Wahrheit aus ihm herausgekriegt hatten, warfen sie ihn zu Boden und traten ihm mehrmals gegen den Kopf. Colin entging ernsthaften Verletzungen nur, weil eine Frau herbeigerannt kam und dem Lynchen ein Ende setzte.

Als Tenzin Geyche Tethong erfuhr, dass man Colin McCrory zusammengeschlagen hatte, erzählte er es sofort dem Dalai Lama. Der Dalai Lama kannte das irische Problem gut. Pater Laurence hatte ihn eingehend darüber informiert. Außerdem hört er in Dharamsala morgens regelmäßig den BBC World Service. Dennoch war er nicht darauf vorbereitet gewesen, auf so direkte Weise mit diesem Hass konfrontiert zu werden. Der zwölfjährige Junge hatte ihm gerade Blumen überreicht. Erst vor wenigen Stunden hatte er ihm die Hand geschüttelt. Der Dalai Lama zerbrach sich den Kopf über die Brutalität des Angriffs und machte sich Sorgen über die Kopfverletzungen des Jungen.

Kurz bevor er nach Belfast gekommen war, hatte er Budapest, Bratislava und Prag besucht. Der Angriff gegen den kleinen Colin McCrory war der beunruhigendste Vorfall während der gesamten Reise. Deutlicher als alles andere warf er ein Schlaglicht auf das irische Problem.

4. Ein Feuer im Nabel

Seine Heiligkeit und der Erzbischof hatten die Köpfe zusammengesteckt. Der tibetische Mönch in seinem kastanienbraunen Gewand und der anglikanische Geistliche in seinem schwarzen Priesterhabit saßen so dicht beisammen, dass sich ihre Köpfe beinahe berührten, und hielten sich fest an den Händen. Sie schauten sich tief in die Augen und sahen aus wie zwei liebestolle Teenager. Medienvertreter aus aller Welt wurden ein paar Meter entfernt hinter samtenen Absperrseilen in Schach gehalten. Von jedem Kontinent waren Fernseh- und Zeitungsjournalisten vertreten. Es kam nicht oft vor, dass dreiunddreißig Friedensnobelpreisträger in einem Raum versammelt waren – im prächtigen Bankettsaal des Osloer Hotels Holmenkollen. Zur Hundertjahrfeier des Friedensnobelpreises hatte Norwegen im Dezember 2001 mehr Preisträger zusammengeführt als je zuvor.

Der Dalai Lama und Erzbischof Desmond Tutu hatten vor der ersten Morgensitzung des anlässlich dieser Hundertjahrfeier stattfindenden Symposions einen Moment Zeit für Privatgespräche. Ich stand, tief nach vorn gebeugt, hinter den beiden Männern und versuchte, trotz des Geklappers von Kameraverschlüssen den Kern ihrer Unterhaltung mitzukriegen.

»Ich komme gerade aus dem Norden Norwegens, wo mir von der Universität Tromsø ehrenhalber ein akademischer Grad verliehen wurde«, erzählte der Dalai Lama Erzbischof Tutu. »Eine merkwürdige Erfahrung. Einmal wurde mir auch von der Universität Bologna in Italien, der ältesten Universität Europas, ein akademischer Grad verliehen. Dort gibt es eine bestimmte Tradition. Während der Verleihung musste ich nicht nur schöne Gewänder anlegen, sondern auch einen Ring anstecken. Damals erzählte ich den Zuschauern: ›Als buddhistischer Mönch darf ich keine Ringe tragen, doch weil es Teil der Zeremonie ist, werde ich ihn heute nehmen.‹ Ich habe ihn für kurze Zeit angesteckt.«

»Ja, sehr schön«, sagte Erzbischof Tutu. »Und ich bin mir sicher, Sie können den Ring für gutes Geld verkaufen.«

Die beiden begannen leise zu kichern. Doch im Nu verwandelten sich ihre albernen Hihis in lautes, schallendes Lachen. Das des Tibeters im tiefen Bariton, das des anderen hoch und kreischend. Ihr ungezügeltes, ansteckendes Lachen schwoll derart an, dass die breiten Glastüren des großen Saales zitterten. Alle hielten inne und starrten die beiden sprachlos an.

Plötzlich wurde mir klar: Trotz ihrer unterschiedlichen Hautfarbe und des unterschiedlichen Alters (Tutu ist vier Jahre älter) waren diese beiden Männer in ihrem Temperament eineiige Zwillinge. Beide haben die außergewöhnliche Fähigkeit, sich völlig auf eine Situation einzulassen und sich ganz spontan köstlich zu amüsieren. Beide sind in der Lage, die banalsten Dinge um sich herum zu betrachten und etwas zu finden, worüber sie lachen können.

Eine der Journalistinnen kletterte über das Absperrseil und ging, einen Kameramann im Schlepptau, zu den beiden Männern hinüber.

»Darf ich Ihnen eine Frage stellen?«, sprach sie den Dalai Lama an.

»Woher kommen Sie?«, fragte er und schaute hoch.

»Vom norwegischen Fernsehen. Eure Heiligkeit, was war für Sie das wichtigste Ereignis des Jahres 2001?«

»Ich glaube, die entsetzliche Nachricht, das entsetzliche Ereignis«, antwortete der Dalai Lama. »Als ich vom 11. September hörte, vor allem, als ich die Bilder im Fernsehen sah, das Zivilflugzeug mit unschuldigen Passagieren – voll mit Treibstoff und benutzt als Explosivwaffe. Unvorstellbar. Und sie haben die Sache wenn nicht jahre-, dann zumindest monatelang geplant. Die menschliche Intelligenz wurde durch menschlichen Hass geleitet oder kontrolliert. Eine Katastrophe.«

Erzbischof Tutu nickte heftig.

»Deswegen haben wir eine besondere Verantwortung, die Entwicklung positiver menschlicher Gefühle zu fördern, nicht wahr?«, sagte der Dalai Lama, an den Erzbischof gewandt.

»Sehr gut, sehr gut. Ja, ich stimme Ihnen zu«, sagte Tutu und klatschte in die Hände.

Das Mittagessen für die Nobelpreisträger und die Gäste des Symposions fand unter Ausschluss der Öffentlichkeit im großen Restaurant des Hotels statt. Nach der Morgensitzung betraten Erzbischof Tutu und ich gemeinsam den eleganten Raum. Der Erzbischof wusste, dass ich zusammen mit dem Dalai Lama angereist war, und hatte mich liebenswürdigerweise dazu eingeladen, mit ihm zu Mittag zu essen. Wir setzten uns an einen Tisch direkt neben dem Eingang. Schon bald gesellten sich Colm O'Cuanachain und Cora Weiss zu uns. Er war der Vorsitzende von Amnesty International, der Organisation, die 1977 den Friedensnobelpreis erhalten hatte, und sie die gegenwärtige Leiterin des Internationalen Friedensbüros, das 1910 ausgezeichnet worden war. Ein Kellner trat an unseren Tisch und fragte, was wir trinken wollten.

»Danke, vielen Dank«, sagte Erzbischof Tutu. »Nun, ich bin sehr hungrig. Hat das einen Einfluss darauf, wie schnell wir etwas zu essen bekommen?«

»Ich kann versuchen, die Sache zu beschleunigen«, antwortete der norwegische Kellner.

»Danke, danke.« Erzbischof Tutu brach wieder in das für ihn typische schallende Gelächter aus.

Mich in solch erlauchter Gesellschaft zu befinden machte mich nervös. Aber ich war fest entschlossen, den Erzbischof über seine Beziehung zum geistlichen und weltlichen Führer des tibetischen Volkes auszufragen.

»Welchen Eindruck haben Sie vom Dalai Lama?«, fragte ich ihn mit unnatürlich lauter Stimme. O'Cuanachain und Weiss drehten sich zu mir um und betrachteten mich.

»Er ist ein wunderbarer Mensch. Ich liebe ihn«, sagte Tutu sofort. »Wir besitzen beide die Fähigkeit, gewaltigen Spaß zu haben – in uns ist ein kleines Kind, das versucht herauszukommen. Jesus sagte: ›Wenn ihr nicht werdet wie die Kinder, könnt ihr nicht ins Himmelreich kommen.‹ Ein Kind kann staunen, ebenso der Dalai Lama. Er hat auch diese offenkundige Heiligkeit. Er wird mit ›Heiligkeit‹ angesprochen, aber er ist wirklich ein heiliger Mann. Vor allem junge Leute finden ihn unwiderstehlich. Junge Leute erkennen sehr schnell, wenn man nicht authentisch ist, wenn man eine Niete ist. Sie erkennen, dass der Dalai Lama ihnen nichts vormacht.«

»Der Dalai Lama und Sie verstehen sich besonders gut«, fuhr ich fort. »Wenn Sie beide zusammen sind, hat man den Eindruck, Kindern beim Spiel zuzusehen. Wie kommt dieses besondere Verhältnis zustande?«

»Ich weiß es nicht, ich weiß es nicht«, sagte Tutu. »Wie verliebt man sich? Es passiert einfach. Es gibt Leute, die verstehen sich einfach gut; die Alchimie ist etwas Unbegreifliches. Warum ich mich gut mit ihm verstehe und er sich mit mir, ist eines der wunderbaren Geheimnisse der… sagen wir, der Gnade.« Er murmelte schnell ein Gebet, als ein Brotkorb auf den Tisch gestellt wurde.

»Wie beurteilen Sie, vor dem Hintergrund Ihrer Erfahrungen mit der Apartheid, die Situation zwischen Tibetern und Chinesen?«, fragte ich den Erzbischof, während wir norwegische Brötchen vertilgten.

»Das Wichtigste war: Wir schwarzen Südafrikaner haben leidenschaftlich daran geglaubt, dass wir gewinnen würden«, antwortete Tutu. Ich spürte, dass die anderen Nobelpreisträger am Tisch ihm gebannt zuhörten. »Glaube, wissen Sie… Manchmal hält man mit letzter Kraft daran fest. Vor allem in den dunklen Tagen, als wir eine Beerdigung nach der anderen hatten, so als drohten sie aus der Mode zu kommen. Wir hatten Glück: Die Fähigkeit unserer Leute zu lachen war außergewöhnlich. Sie waren sogar in der Lage, über sich selbst zu lachen. Nun zu den Chinesen. Letzten Endes werden sie verlieren. Sie werden auch jede Achtung verlieren, welche die Welt ihnen entgegenbringt. Die Chinesen müssen diesen Mühlstein um ihren Hals loswerden und den Tibetern wirkliche Autonomie zugestehen.«

Der Kellner brachte einen großen Teller mit Fisch und Gemüse für Tutu. Aber nichts für alle Übrigen.

Das Gesicht des Erzbischofs erhellte sich. »Gut gemacht. Gut gemacht. Gott segne Sie. Sehr schön.« Und zu uns: »Dieser Mann ist sehr clever, sehr clever.« Als er laut loslachte, blähten sich seine riesigen Nasenlöcher, und seine kleinen Augen verschwanden.

»Das Essen für Ihre Freunde kommt jeden Moment. Jeden Moment.« Den Kellner machte dieser unerwartete Heiterkeitsausbruch nervös.

»Ich habe über unsere Hotline ein ganz klein wenig unseren Einfluss geltend gemacht. Ich habe ihm gesagt, dass meine Freunde auch von den Annehmlichkeiten, die wir hier haben, profitieren müssen«, erklärte uns Tutu, immer noch lachend.

»Bis jetzt haben wir noch nicht davon profitiert«, sagte O'Cuanachain. Ich hörte, dass ihm der Magen knurrte.

»Aber Sie werden es, Sie werden es«, versicherte ihm Tutu, unmittelbar bevor der Kellner mit einem weiteren Essenstablett erschien.

Von 1995 bis 1997 war Erzbischof Tutu Vorsitzender der südafrikanischen Truth and Reconciliation Commission (Wahrheits- und Versöhnungskommission). Seine Aufgabe? Einundzwanzigtausend Zeugen zuzuhören, die von den während der Apartheid begangenen Menschenrechtsverstößen und Gräueltaten berichteten. Manchmal weinte er unverhohlen, nachdem er von den Folterungen gehört hatte, bei denen die Gliedmaßen der Menschen mit Lötlampen verstümmelt worden waren. Sein Auftrag? Er musste den Tätern vergeben, um die Heilung der Wunden zu fördern.

»Die Menschen meinten«, erzählte Tutu, »vielleicht sollten wir die Wunden öffnen und sie säubern, damit sie nicht eitern. Balsam auf sie gießen. Und dann würden sie vielleicht, vielleicht heilen. Vergebung kommt nicht von allein; Versöhnlichkeit ist nicht leicht. Doch mit Versöhnlichkeit öffnen wir jemandem die Tür. Jemandem, der vielleicht an die Vergangenheit gefesselt ist und der, wenn man ihm die Fesseln löst, durch die Tür zurück und in eine neue Zukunft geht.«

Während einer öffentlichen Diskussionsveranstaltung mit dem Dalai Lama an der Universität von British Columbia im Jahr 2004 sprach Tutu über seine Erfahrungen mit dem Ausschuss.

»Häufig waren die Anwesenden von dem, was sie hörten, zutiefst ergriffen, vor allem wenn Menschen, denen man sehr viel Leid zugefügt hatte, nicht nach Vergeltung schrien.

Eine junge Schwarze kam zu uns und erzählte uns folgende Geschichte: ›Die Polizei kam und nahm mich mit zur Polizeiwache. Sie brachten mich in einen Raum, entkleideten mich. Sie nahmen meine Brüste und schoben sie in eine Schublade. Und dann quetschten sie die Brustwarzen, indem sie die Schublade mehrmals zuknallten, bis die weiße Flüssigkeit rausspritzte.‹ Nun sollte man meinen, dass jemand, der etwas so Abscheuliches erlebt hat, verbittert ist, dass es ihn nach Rache gelüstet. Aber oft sagten Menschen wie diese Frau, sie seien bereit zu vergeben. Wir saßen dort und kamen uns sehr, sehr klein vor. Wir kamen uns klein vor, weil wir Menschen zuhören durften, die von Rechts wegen wütend, aufgebracht und rachsüchtig hätten sein sollen. Stattdessen aber waren sie von dem Wunsch beseelt zu vergeben.

Da gab es zum Beispiel das so genannte Massaker von Bisho, bei dem dreißig bis vierzig Menschen getötet und zweihundert verletzt wurden. Wir veranstalteten eine öffentliche Anhörung in einem riesigen Saal. Der Raum war zum Bersten gefüllt mit wütenden Menschen, von denen viele bei diesem Vorfall verletzt worden waren oder geliebte Menschen verloren hatten. Vier Offiziere, die auf Menschen geschossen und sie getötet hatten, kamen herein. Man konnte die Anspannung in diesem Raum spüren, den Zorn. Sie kamen und setzten sich zu uns auf die Bühne. Einer der Offiziere, ein Weißer – die drei anderen waren Schwarze –, stand auf und sagte: ›Ja, wir haben den Soldaten den Befehl erteilt zu schießen.‹

Die Temperatur im Raum stieg, die Stimmung war zum Zerreißen gespannt. Und dann sagte er: ›Bitte vergebt uns. Bitte vergebt meinen drei Kollegen, und nehmt sie wieder in eure Gemeinschaft auf.‹ Nun hätte man wohl erwartet, die Leute im Saal würden vor Wut toben. Wissen Sie, was sie taten? Sie applaudierten. Unglaublich. Sie applaudierten. Und als der Applaus nachließ, sagte ich: ›Wir wollen einen Moment lang schweigen. Weil wir es hier mit etwas Heiligem zu tun haben. Wir stehen auf heiligem Grund. Wir sollten unsere Schuhe ausziehen, wie Moses es tat.‹«

Erzbischof Tutu gelangte zu seinem tiefen Glauben an die Kraft der Versöhnlichkeit, weil er sich mit einer uralten Weisheit auseinander setzte. Während seiner Unterhaltung mit dem Dalai Lama in Vancouver formulierte Tutu es so:

»In unserem Land sprechen wir von etwas, das wir *ubuuntu* nennen. Will ich jemandem das höchste Lob aussprechen, das uns zur Verfügung steht, dann sage ich, er hat *ubuuntu*: Dieser Mensch hat das, was den Menschen ausmacht. Er ist ein Mensch, der erkennt, dass er nur existiert, weil andere existieren. Der Mensch wird erst durch andere

Menschen zum Menschen. Wenn wir sagen, dass jemand *ubuuntu* hat, dann meinen wir, dass er gütig ist, dass er mitfühlend ist, dass er gastfreundlich ist, dass er teilen will und dass ihm das Wohlergehen anderer am Herzen liegt. Denn mein Menschsein ist unauflöslich verbunden mit dem Menschsein des anderen. Wenn ich also andere entmenschliche, dann entmenschliche ich, ob es mir gefällt oder nicht, zwangsläufig auch mich selbst. Denn wir können nur gemeinsam menschlich sein, frei sein. Zu vergeben ist tatsächlich die beste Form des Eigennutzes.«

Einen Monat nach dem Treffen der Nobelpreisträger in Oslo führte ich mit dem Dalai Lama in Dharamsala ein längeres Interview, bei dem er mir, während einer Diskussion über die Theorie der Versöhnlichkeit, die Geschichte von Lobsang Tenzin, einem tibetischen Buddhisten, erzählte. Tenzins Bereitschaft zu wahrer Versöhnlichkeit hatte seine spirituelle Entwicklung entscheidend vorangetrieben.

»Lobsang Tenzin war ein Freiheitskämpfer aus Pempo in Tibet und einer der Führer seines Dorfes«, begann der Dalai Lama. »1959 wurde er von den Chinesen festgenommen und ins Gefängnis geworfen. Dann floh er nach Indien. Anfangs wusste er nichts vom Buddhismus. Aber irgendwie entwickelte er ganz allein die Fähigkeit, *tumo* – innere Hitze – zu erzeugen. Das war zu einem relativ späten Zeitpunkt in seinem Leben.«

Tenzin hatte in einer Höhle hoch über Dharamsala meditiert, als er das intensive Licht sah. Es war das erste Anzeichen dafür, dass seine tantrische Praxis ihn weiterbrachte. Er schloss die Augen, um zu sehen, ob das Licht verschwinden würde. Das tat es nicht; es wurde sogar intensiver. Tenzin sah auch Bilder von bemerkenswert vielen Blumen vor sich. Dann spürte er im Bereich des Nabels eine brennende Hitze, wie ein Feuer mit sprühenden Funken. Indem er sich auf diesen Feuerball konzentrierte, fand er heraus, dass er ihn größer oder kleiner werden lassen und seine Bewegungen beeinflussen konnte. Er ließ ihn zur Herzregion wandern, hielt ihn dort fest und meditierte weiter. Dann spürte er etwas ihm bis dahin Unbekanntes: Er stellte fest, dass er nun gegen die bittere Kälte immun war. Diese Erfahrung, seine neu gefundene Fähigkeit, innere Hitze – *tumo* – zu erzeugen, erfüllte ihn mit Ehrfurcht.

Nachdem er etwa ein weiteres Jahr lang meditiert hatte, stellte Tenzin fest, dass er eine neue Ebene erreicht hatte: Die innere Hitze war intensiver geworden, ihre Erzeugung leichter. Er konnte die Hitzeenergie nun tatsächlich in einen zentralen psychischen Kanal in seinem Körper leiten. Sobald dies geschah, erreichte er einen tiefen und lang anhaltenden Glückszustand.

Anfang der Achtzigerjahre des 20. Jahrhunderts riet der Dalai Lama Tenzin, der damals in den Vierzigern war, sich auf *tumo* als den Schlüsselbereich seiner spirituellen Praxis zu konzentrieren. Auf Vorschlag des Dalai Lama besuchte Tenzin den berühmten Tumo-Meister Khyentse Lama von Manali, einer kleinen Stadt hoch in den Bergen von Himachal Pradesh in Indien. »Khyentse Lamas Schüler praktizierten *tumo* das ganze Jahr über mithilfe nasser Tücher. Selbst an den kältesten Tagen – fast völlig nackt«, erzählte mir der Dalai Lama. »Man taucht das Tuch in eisiges Wasser, wringt es aus, bedeckt damit den Körper und meditiert.

Innerhalb weniger Minuten wird Dampf erzeugt. In weniger als einer Stunde ist das Tuch völlig trocken. Man taucht es wieder in Wasser und legt es erneut auf den Körper. Das macht man in einer Nacht zehn- bis dreizehnmal. Dann interessierte sich Dr. Herbert Benson von der Harvard Medical School für *tumo*. Er kam nach Dharamsala und führte mit einigen Tumo-Experten, die in den Bergen lebten, Tests durch. Tenzins Fähigkeit, Körperwärme zu erzeugen, beeindruckte ihn. Deswegen lud er ihn mit meiner Erlaubnis ein, sich an der Harvard Medical School einiger Tests zu unterziehen.«

Karma Gelek, ein junger Mönch, der gut Englisch sprach, begleitete Tenzin in die Vereinigten Staaten. Er erzählte mir, dass ihre Reise im Jahr 1985 nicht ganz einfach gewesen sei. Als Tenzin in Boston ankam, litt er stark unter der Zeitverschiebung. Er war erschöpft und wollte die Tumo-Experimente hinausschieben, bis er sich akklimatisiert hätte. Doch in Dr. Bensons Labor arbeitete man nach einem strikten Zeitplan, und es war unmöglich, die Tests zu verschieben. Die Experimente begannen am folgenden Tag.

Tenzin wurde einer ganzen Reihe von Tests in einem Labor unterzogen, in dem die Temperaturen so niedrig gehalten wurden, wie es zum Fleischkühlen üblich ist. Die Wissenschaftler trugen Daunenwesten unter ihren weißen Laborkitteln. Tenzin musste seine Obergewänder ablegen und durfte nur eine dünne Baumwollweste tragen. Die Tests dauerten ewig. Gelek zufolge war Tenzin während der Sitzung bis ins Mark durchgefroren.

Als Tenzin schließlich einen tiefen Meditationszustand erreicht hatte, sank seine Sauerstoffaufnahme drastisch. Bei gleichzeitiger Verminderung des Stoffwechsels brauchte er nur fünf- oder sechsmal pro Minute Luft zu holen. Normal sind dreizehn- oder vierzehnmal. Als schließlich *tumo* erzeugt wurde, stieg seine Körpertemperatur um zehn Grad. Später schrieb Dr. Benson in seiner Studie über Tumo-Praktiken (*MindScience: An East-West Dialogue*, der Dalai Lama u.a., Wisdom Publications 1991): »Diese Experimente zeigen uns, dass Meditationsprozesse zu verblüffenden physiologischen Veränderungen im Körper führen. Diese Veränderungen haben direkte Folgen für die Gesundheit… Jede Erkrankung wird durch Stress hervorgerufen oder verschlimmert.«

Lobsang Tenzins Geschichte faszinierte mich. Ich fragte mich, wie ein Freiheitskämpfer, ein Mann, der daran gewöhnt war, Menschen umzubringen, relativ spät in seinem Leben so große spirituelle Fähigkeiten entwickeln konnte. Die meisten tibetischen Mönche zum Beispiel beginnen mit ihrem Training in einem Kloster, wenn sie sechs oder sieben Jahre alt sind.

Karma Gelek erzählte mir, Tenzin habe im chinesischen Gefängnis mit der spirituellen Praxis begonnen und im Laufe der Jahre immense Fortschritte gemacht. In dieser schwierigen Zeit gelangte er zu zwei Einsichten. Erstens wurde ihm klar, dass sein Leiden im Gefängnis karmisch begründet war, ein direktes Ergebnis der Gräueltaten, die er an den Chinesen verübt hatte. Zweitens erahnte er intuitiv, dass er wahnsinnig werden würde, wenn er sich weiterhin auf Rache versteifte und es zuließ, dass der Hass auf die Chinesen ihn zerfraß.

Tenzin hatte zwar keine Kontrolle darüber, was die Chinesen ihm körperlich antun konnten, begriff jedoch schließlich, dass sie seine geistige Gesundheit nur mit seiner Hilfe zerstören konnten. Für sein psychisches Wohlergehen waren einzig und allein seine Einstellung, seine eigene Reaktion auf diese verzweifelte Lage verantwortlich. Er wusste: Wenn es ihm gelang, gegenüber denjenigen, die ihn gefangen genommen hatten, ein neutrales – oder besser noch ein positives – Gefühl zu entwickeln, dann würde er nachts auch schlafen können. Und egal, wie sehr die Chinesen ihn foltern würden, seine Seele wäre für ihn immer ein sicherer Rückzugsort.

Gelek zufolge sublimierte Tenzin seinen Hass auf die Chinesen. Er vergab ihnen einfach. Im Laufe der Zeit entwickelte er sogar echtes Mitgefühl mit ihnen. Das erwies sich als der Schlüssel, die Haft mental relativ unbeschädigt zu überleben. Im Gefängnis fand er schließlich zu dem Glauben an die heilende Kraft der Versöhnlichkeit. Gelek ist der Überzeugung, dieser Glaube habe Tenzin den Quantensprung in seiner spirituellen Praxis ermöglicht.

»Die Fähigkeit, unseren Feinden zu vergeben, kann also unsere spirituelle Entwicklung vorantreiben?«, fragte ich den Dalai Lama.

»Ja, ja, zweifellos«, antwortete er. »Sie ist ganz entscheidend. Sie gehört zu den wichtigsten Dingen. Sie kann unser Leben verändern. Um Hass und andere zerstörerische Gefühle zu verringern, muss man deren Gegenteil entwickeln – Mitgefühl und Güte. Wenn man großes Mitgefühl mit anderen, große Achtung vor anderen hat, ist es leichter, ihnen zu vergeben. Vor allem aus folgendem Grund: Man will ihnen nicht schaden. Versöhnlichkeit ermöglicht den

Kontakt mit diesen positiven Gefühlen. Dadurch wird das spirituelle Wachstum gefördert.«

»Verwenden Sie eine spezielle Meditationstechnik?«, fragte ich.

»Meine Meditationstechnik heißt Geben und Nehmen«, erklärte der Dalai Lama. »Ich visualisiere, dass ich anderen meine positiven Gefühle wie Glücklichsein oder Zuneigung sende. Dann visualisiere ich, dass ich ihr Leid, ihre negativen Gefühle empfange. Das tue ich jeden Tag. Ich widme den Chinesen meine besondere Aufmerksamkeit – vor allem denen, die den Tibetern Schreckliches antun. Während des Meditierens atme ich also all ihr Gift ein – Hass, Angst, Grausamkeit. Dann atme ich aus. Und ich lasse alle guten Dinge hinausströmen, Dinge wie Mitgefühl, Versöhnlichkeit. Ich nehme all die schlechten Dinge in mir auf. Dann ersetze ich die Gifte durch frische Luft. Geben und Nehmen. Ich hüte mich davor, jemandem die Schuld zu geben – ich gebe weder den Chinesen noch mir selbst die Schuld. Diese Meditation ist sehr effektiv. Sie hilft, den Hass zu verringern und Versöhnlichkeit zu kultivieren.«

5. Ein sehr selbstloser Mensch

Die Feierlichkeiten zur Hundertjahrfeier des Friedensnobelpreises in Oslo waren in vollem Gang. Ich saß im Foyer im Zwischengeschoss des ehrwürdigen Hotels Holmenkollen und wartete auf Lodi Gyari Rinpoche, den Sondergesandten Seiner Heiligkeit des Dalai Lama, um mit ihm ein Glas zu trinken. Im Foyer war viel los. Der Schriftsteller Elie Wiesel, Holocaust-Überlebender und Nobelpreisträger von 1986, war in eine Unterhaltung mit einem Freund vertieft. Am Nebentisch wurde José Ramos-Horta aus Osttimor, Nobelpreisträger von 1996, von einigen Journalisten interviewt.

Von meinem Tisch aus konnte ich das Foyer im Erdgeschoss gut überblicken. Am Eingang hatte man Metalldetektoren aufgestellt. Ein halbes Dutzend norwegischer Polizisten in tadellos sitzenden Uniformen kontrollierte jeden, der eintrat. Während dieser Feierlichkeiten bot Oslo Sicherheitsmaßnahmen auf, als befände man sich im Krieg. Auf meinem Weg hierher hatte ich ein paar Scharfschützen der Polizei entdeckt, die an wohl strategisch wichtigen Punkten auf Dächern auf der Lauer lagen. Es hieß, zwei F-16-Kampfjets seien in ständiger Alarmbereitschaft. In den folgenden Tagen sollten sie den zeitweilig gesperrten Luftraum über Oslo überwachen.

Leicht gestresst traf Lodi Gyari eine Viertelstunde zu spät ein. Er kam gerade von einem Treffen des Dalai Lama mit Richard Holbrooke in der Hotelsuite des tibetischen Mönchs. Holbrooke, der amerikanische Diplomat, der 1995 den Friedensvertrag für den Balkan ausgehandelt hatte, war aus Anlass der Feierlichkeiten in der Stadt. Wie üblich trug Lodi einen eleganten Maßanzug, vielleicht aus der Savile Row. Der kräftig gebaute Sondergesandte mit dem rundlichen Gesicht besaß die Gewandtheit und Höflichkeit eines immens erfolgreichen asiatischen Geschäftsmanns.

Lodi Gyari gehörte mit Tenzin Geyche Tethong zu den engsten Beratern des Dalai Lama. Nach seinem Boss ist Lodi Gyari im Westen wohl der erfolgreichste Fürsprecher Tibets. Ich wollte von dem Mann, der seit vier Jahrzehnten der Vertraute des Dalai Lama war, etwas über den tibetischen Führer in Erfahrung bringen.

»Wie ist es, für den Dalai Lama zu arbeiten?«, fragte ich ihn.

»Jeder weiß, dass Seine Heiligkeit sehr mitfühlend ist«, antwortete Gyari. »Aber er ist, wie diejenigen wissen, die eng mit ihm zusammenarbeiten, auch ein sehr willensstarker Mensch. Davon fühlen sich Menschen wie ich angezogen.«

»Von seiner Kraft«, sagte ich.

»Ja, sein Mitgefühl ist zweifellos allumfassend. Aber offen gesagt, es ist nicht leicht, für ihn zu arbeiten. Und der Maßstab, den er anlegt, ist phänomenal. Es ist mir bewusst, dass ich für jemanden arbeite, der hohe Ideale hat. Das ist nützlich, weil es mich zu innerer Selbstbeschränkung zwingt. Ich überschreite mit meinem Verhalten keine bestimmten Grenzen.

Ich möchte Ihnen gerne von einer Sache erzählen, die sich während der Ereignisse auf dem Platz des Himmlischen Friedens 1989 zutrug«, sagte Lodi Gyari. »Ich war sein Außenminister, als sich die Tragödie ereignete. Damals standen wir trotz einigem Auf und Ab dicht davor, Gespräche mit den Chinesen zu führen. Yang Minfu war Leiter des United Front Works Department, und irgendwie hatten wir es geschafft, wieder einen Kontakt herzustellen.

Wir hatten uns im Prinzip auf ein vorbereitendes Treffen in Hongkong geeinigt, bei dem Ort und Zeitpunkt der Verhandlungen festgelegt werden sollten.«

Ich wusste, dass es für den Dalai Lama und andere im Exil lebende Tibeter nichts Wichtigeres gab, als die Chinesen an den Verhandlungstisch zu bekommen. In den vergangenen vier Jahrzehnten haben sie allein auf dieses Ziel hingearbeitet. Viele besonnene Tibeter stimmen darin überein, dass eine echte Wiederannäherung zwischen China und Tibet der einzige Weg ist, die tibetische Lebensweise zu erhalten und zu verhindern, dass Tibet von einer Flutwelle chinesischer Migranten überschwemmt wird. Doch trotz der ungeheuren moralischen Autorität des Dalai Lama haben die Chinesen selten ihre Bereitschaft zu Gesprächen bekundet.

»Ich war mit der Vorbereitung dieses Treffens beschäftigt«, fuhr Gyari fort, »und dann kam es zu den Ereignissen auf dem Platz des Himmlischen Friedens. Ich erinnere mich noch gut daran. Ich war zu Hause in Dharamsala. Einer der Fahrer Seiner Heiligkeit holte mich mit einem Wagen ab. Ich wurde gebeten, sofort in den Palast zu kommen. Ich zog rasch mein tibetisches Gewand an; der Fahrer hatte Anweisungen, mich in die Residenz Seiner Heiligkeit zu bringen und nicht in sein Büro. Als ich dort ankam, wartete Tenzin Geyche bereits auf mich. Wir gingen sofort ins Zimmer des Dalai Lama.

Zum ersten Mal, seit ich ihn kannte, erlebte ich den Dalai Lama sehr, sehr erregt. Er war wie Napoleon. Er drehte sich nicht zu uns um, als wir hereinkamen; er hatte die Hände auf dem Rücken verschränkt. Er war tief in Gedanken versunken. Er schenkte sich die übliche Begrüßung und fragte uns sofort: ›Habt ihr es gesehen? Habt ihr es gesehen?‹

Natürlich hatten wir es gesehen. Sie zeigten nichts anderes im Fernsehen. Wir wussten, was er meinte, und bejahten seine Frage. Er sagte: ›Ihr beide erarbeitet eine Erklärung, die ich veröffentlichen werde: die stärkste Verurteilung der chinesischen Regierung und ihrer Politik, ihr eigenes Volk so brutal zu behandeln; meine bedingungslose Unterstützung der jungen Leute auf dem Platz.‹

Mir schoss es sofort durch den Kopf: Ach, du meine Güte, das wird jede Chance auf Verhandlungen zunichte machen, etwas, woran wir seit Jahrzehnten hart gearbeitet haben. Seine Heiligkeit drehte sich um, deutete sofort meine Körpersprache und fragte schroff: ›Was ist los?‹ Ich antwortete: ›Eure Heiligkeit, Euch ist natürlich klar, dass dies unsere Bemühungen um Verhandlungen scheitern lassen wird, vielleicht für sehr lange Zeit.‹ Er schien meine Ansicht zur Kenntnis genommen zu haben, und einen kurzen Moment glaubte ich, er werde seine Position ändern. Doch dann drehte er sich um. Ich spürte seine intensive Energie, wie die eines Tigers. Er sagte: ›Ja, es stimmt, da ist etwas dran. Aber wenn ich jetzt nicht deutlich meine Meinung vertrete, verwirke ich das moralische Recht, jemals wieder von Freiheit und Demokratie zu sprechen. Diese jungen Leute verlangen nicht mehr und nicht weniger als das, was ich verlangt habe. Und wenn ich nicht für sie sprechen kann‹« – Lodi zögerte und versuchte, sich an den richtigen Wortlaut zu erinnern –, »›werde ich mich schämen, jemals wieder über Freiheit und Demokratie zu reden.‹«

Lodi schwieg. Aus Gewohnheit versuchte ich, keine Gefühlsregung zu zeigen. Doch das war schwierig. Ich war tief bewegt von der Reaktion des Dalai Lama. Er hatte klar und deutlich dem Wohlergehen der chinesischen Studenten den Vorrang vor den Hoffnungen seiner Landsleute eingeräumt. Ich schaute weg. Das Stimmengewirr im überfüllten Foyer hatte nicht nachgelassen.

»Ich hatte gewaltigen Respekt vor Seiner Heiligkeit«, fuhr Gyari fort. »Ich kam mir außerdem so klein, so egoistisch vor. Natürlich hatte ich rückblickend Recht mit meiner Einschätzung, die Haltung des Dalai Lama werde das Ende der Verhandlungen bedeuten. Deng Xiaoping hat ihm nie vergeben. Er nahm es sehr persönlich, wie wir später erfuhren. Aber Dinge wie diese zeugen von der Aufrichtigkeit Seiner Heiligkeit und geben mir das Gefühl, dass es eine Ehre ist, ihm zu dienen. Seine Heiligkeit glaubt an das, was er predigt, und handelt entsprechend.«

Lodi Gyari und ich hatten uns im Zwischengeschoss-Foyer des Hotels Holmenkollen über eine Stunde lang unterhalten. Gyari war ein wunderbarer Erzähler, und ich hing an seinen Lippen. Im unteren Foyer war irgendetwas im Gange. Wir schauten über das Geländer und sahen, dass Erzbischof Tutu gerade das Hotel betreten hatte. Der Südafrikaner, der in seiner scharlachroten Robe prächtig aussah, grinste von einem Ohr zum anderen und strahlte ein unglaublich großes Wohlwollen aus.

Wir sanken in unsere Sessel zurück, und Gyari nahm den Faden wieder auf. »1973 besuchte Seine Heiligkeit zum ersten Mal Europa«, sagte er. »Damals war ich noch sehr jung und sehr radikal. Etwa nach der Hälfte unserer sechswöchigen Reise waren wir in der Schweiz. Seine Heiligkeit war in der Nähe von Zürich privat untergebracht. Ich war allmählich frustriert, weil er bisher in der Öffentlichkeit so wenig über Tibet gesagt hatte.«

»Er sprach stattdessen über Religion?«, fragte ich.

»Er sprach über die Dinge, über die er die ganze Zeit redet – universelle Verantwortung, Mitgefühl, das gute Herz. Aber viele Leute wollten auch etwas über Tibet erfahren. Ich fand, er tue nicht genug für das tibetische Volk. Ich erinnere mich noch gut an das Haus, in dem er wohnte, ein riesiges Chalet voll wunderschöner Buntglasfenster. Eines frühen Morgens ging ich in sein Zimmer. Er wusste sofort, dass ich aufgewühlt war, dass ich etwas auf dem Herzen hatte.«

»Er kennt Sie sehr gut«, sagte ich.

»Ja. ›Was ist los?‹, fragte er, und ich antwortete: ›Eure Heiligkeit, ich denke, Ihr solltet mehr über Tibet sprechen. Das ist eine hervorragende Gelegenheit. Wir müssen den Menschen mehr über das Leid unseres Volkes erzählen.‹ Und er sagte: ›Du hast Recht, ja, ich verstehe. Ich habe auch schon gedacht, ich sollte mehr über Tibet sprechen. Aber weißt du, viele von diesen Menschen haben so viele Probleme. Sie kommen zu mir mit der unbegründeten Hoffnung, ich könne ihnen einen Teil ihrer Last abnehmen. Aber das kann ich nicht. Ich finde, ich habe nicht das Recht, ihnen noch eine weitere Last aufzubürden: meine eigene Last.‹ Als ich das hörte, kamen mir die Tränen.«

Lodi Gyari hielt inne und schaute zur Seite. Die Geschichte rührte ihn offensichtlich. Schließlich war es Zeit für mich zu gehen. Als wir aufstanden, schaute er mir in die Augen. »Victor, einer Sache bin ich mir sicher. Seine Heiligkeit ist der selbstloseste Mensch, den ich kenne.«

Gyari umarmte mich fest, verließ das Hotel und ging zu einem wartenden Wagen. Er würde den größten Teil der historischen Hundertjahrfeier in Oslo verpassen. Wie immer musste er schnell noch ein Flugzeug erwischen.

6. Keine Gummienten

Es herrschte Aufregung in der Privatkapelle des Dalai Lama in Dharamsala, die anlässlich der zehnten Mind-and-Life-Konferenz für fünf Tage in einen Konferenzraum verwandelt worden war. Alle Augen waren auf Steven Chu gerichtet, den amerikanischen Nobelpreisträger für Physik des Jahres 1997. Er saß auf dem Rednerstuhl rechts vom Dalai Lama, hinter ihm eine hohe Messingvase, die von frischen Schnittblumen überquoll. Chu wollte dem Dalai Lama und den versammelten Gästen die subtile Beziehung zwischen Mathematik und Quantenmechanik erklären.

»Was ist Mathematik?«, begann er, an den tibetischen Führer gewandt. Ich war auf diese Frage nicht vorbereitet und sah, dass auch der Dalai Lama leicht überrascht war. Als er nicht antwortete, fuhr Chu fort: »Nun, die Mathematik jagt den meisten Menschen Angst ein.«

Seine Zuhörer brachen in Gelächter aus. Mit zwei kurzen Sätzen war es Chu gelungen, ihnen die Befangenheit zu nehmen. Rechts von Chu schlang Eric Lander, der Genetiker aus Boston, seine kräftigen Arme um den Brustkorb. Der Dalai Lama, der in einem bequemen Sessel den gewohnten Lotussitz eingenommen hatte, lächelte, während er sich leicht hin und her wiegte.

Chu tippte auf eine Taste seines Laptops, der vor ihm auf einem niedrigen Tisch stand, und projizierte ein Dia auf eine an der Stirnwand aufgestellte Leinwand. Das Dia zeigte drei Reihen gelber Spielzeugenten: eine Ente in der oberen Reihe, zwei in der mittleren und drei in der unteren. »Das ist ein technischer Gegenstand. Man nennt ihn Gummiente. Wir setzen ihn in eine Badewanne«, sagte Chu und richtete einen roten Laserstrahl auf die einsame Ente in der oberen

Reihe. »Wir haben hier also eine Ente, zwei Enten, drei Enten. Wir können die Enten zusammenzählen…«

In dem kleinen Konferenzraum war die Hölle los. Lander schlug sich mit der Hand auf den Oberschenkel und brüllte vor Lachen. Chu brach mitten im Satz ab, und sein vorstehender Adamsapfel hüpfte auf und ab. Sein drahtiger Körper wurde derart von Lachkrämpfen geschüttelt, dass er für kurze Zeit die Kontrolle verlor.

Der sich hin und her wiegende Dalai Lama hatte noch immer ein Lächeln im Gesicht. Aber es hatte etwas Sphinxartiges. Er schien ein bisschen abwesend, schien nicht ganz er selbst zu sein. Irgendwie hatte ich erwartet, dass er am lautesten lachen würde.

Thupten Jinpa, einer der Übersetzer des Dalai Lama, beugte sich zu ihm hinüber und sprach mit ihm auf Tibetisch.

Da kam mir ein Gedanke: Vielleicht war die Sache für den Dalai Lama ein kulturelles Problem. Er hatte wahrscheinlich nie mit Gummienten in der Badewanne gespielt. In Tibet hatte man höchstwahrscheinlich noch nie etwas von Gummienten gehört. Er konnte die ganze Aufregung einfach nicht verstehen.

»Wir können dies experimentell überprüfen«, brüllte der Genetiker, der sich noch immer vor Lachen kaum halten konnte.

»In der Tat ist es sehr, sehr oft experimentell überprüft worden«, bestätigte Steven Chu und versuchte angestrengt, sich zusammenzureißen. »In gewissem Sinne haben wir es hier mit Realität zu tun. Wir wissen, wie wir Enten zusammenzählen. Wenn wir also zwei Enten haben und eine *weg*nehmen, haben wir eine Ente. Aber wenn wir eine Ente haben: Können wir dann zwei wegnehmen?« Er sah zum Dalai Lama hinüber, zuckte die Schultern und breitete die Arme aus. »Was passiert hier?«, fragte Chu. »Nun, plötzlich haben wir es mit etwas Neuem zu tun. Der Prozess der Subtraktion brachte die Mathematik dazu, negative Zahlen zu erfinden. Dann dachten wir uns Regeln aus – die Regeln für die Addition und die Subtraktion zum Beispiel. Das führte zu komplexen Zahlen – Zahlen, welche die Quadratwurzel von minus eins mit einschließen. Und die komplexen Zahlen ermöglichen es uns, die Quantenmechanik zu beschreiben.«

Das Privatbüro des Dalai Lama hatte mir die Erlaubnis erteilt, an der Konferenz in Dharamsala teilzunehmen. Etwa fünfzig Menschen – Wissenschaftler, geladene Gäste und eine kleine Gruppe tibetischer Mönche – drängten sich in dem kleinen Saal in der Residenz des Dalai Lama. Das Thema lautete: »Die Natur der Materie, die Natur des Lebens«, und zu den Rednern gehörten weltbekannte Spezialisten aus den Bereichen Komplexität, Genforschung, Evolutionsbiologie, buddhistische Philosophie und natürlich Physik. Seit 1987 gab es regelmäßig Begegnungen zwischen dem Dalai Lama und einer bunt zusammengewürfelten Gruppe westlicher Neurologen, Physiker und Philosophen, die zu mehreren wissenschaftlichen Forschungsprojekten und zu zahlreichen Publikationen angeregt hatten.

Mir gefiel die Ungezwungenheit der Wissenschaftler, und ich wusste Steven Chus Humor zu schätzen. Er war 1997 zusammen mit zwei anderen Wissenschaftlern mit dem Nobelpreis ausgezeichnet worden. Er hatte eine Möglichkeit gefunden, Gase mit Laserlicht zu kühlen und dadurch die übliche Geschwindigkeit von Atomen, die bei Raumtemperatur viertausend Stundenkilometer beträgt, auf zwei Zentimeter in der gleichen Zeitspanne zu verlangsamen. Er ließ sie dann in einer Art Atomfalle treiben, sodass das Laserlicht wie eine – in seinen Worten – »optische Melasse« funktionierte.

Chu fand es offensichtlich aufregend, in Dharamsala zu sein. Er genoss es, dem Dalai Lama Materie und Leben aus der Sicht eines Physikers zu erklären. Kurz bevor er mit seiner Theorie der Gummienten losgelegt hatte, hatte er den Tibeter an ihr erstes Treffen erinnert.

»Eure Heiligkeit«, sagte Chu, »vielleicht erinnern Sie sich… Wir haben uns vor sechs Jahren in Stanford getroffen. Wir hatten eine Diskussion mit mehreren Leuten, von morgens bis zum Mittagessen. Es war ein sehr wichtiges Ereignis in meinem Leben.« Beim letzten Satz war Chus Stimme sehr leise geworden, und er blinzelte ein paarmal. Als er sich dann wieder gefasst hatte, fuhr er mit der für ihn typischen Gelassenheit fort: »Seit ich hier bin, habe ich sehr viel gelernt. Vielleicht ein wenig von meinen westlichen Kollegen, aber das meiste von Ihnen und den tibetischen Mönchen. Ich hoffe, in den folgenden Tagen noch mehr zu lernen.«

Dieses Lernen von anderen war der vom Dalai Lama angestrebte Zweck der Mind-and-Life-Konferenzen. Er hoffte, die Wissenschaftler könnten neue Forschungsrichtungen erschließen, wenn sie lernten, die Realität aus einer buddhistischen Perspektive zu betrachten. Und er glaubte, die Buddhisten könnten wertvolle Einsichten über die moderne Wissenschaft mit nach Hause nehmen.

»Seit über fünfzehn Jahren besteht nun dieser enge

Kontakt mit Wissenschaftlern«, hatte der Dalai Lama mir erzählt. »Ich habe den Eindruck, dass immer mehr Wissenschaftler ein echtes Interesse an einem Dialog mit den Buddhisten haben. Das gibt mir das Gefühl, dass die Sache sinnvoll ist und nicht nur meine eigenen Interessen befriedigt. Der Dialog zwischen Wissenschaftlern und Buddhisten kann dazu beitragen, das menschliche Wissen zu erweitern. In den letzten zwei, drei Jahren haben wir bereits einige ausgewählte tibetische Mönche in das Studium der Wissenschaften eingeführt. Ich persönlich habe das Gefühl, dass wir damit etwas Richtiges getan haben, etwas, das der großen Gemeinschaft zugute kommt.«

Doch der Dalai Lama hatte noch ein weiteres Motiv, diese Treffen zwischen Buddhisten und Wissenschaftlern zu arrangieren, eines, das für ihn von größter Bedeutung war.

»Jeder Mensch will ein glückliches Leben führen – ein ruhiges, friedvolles, befriedigendes Leben«, fuhr er mit seiner Erklärung der engen Beziehungen zu Wissenschaftlern fort. »Deswegen ist die Entwicklung der inneren Welt – von Gefühlen und derlei Dingen – wichtig. Ich spreche nicht von religiösem Glauben. Ich spreche nicht vom Himmel, von Befreiung oder vom nächsten Leben. Uns geht es um glücklichere Individuen, glücklichere Gemeinschaften. Wir wollen menschliche Werte fördern: Mitmenschlichkeit, die Bereitschaft zu teilen. Das Ergebnis: Wir werden offener, und unser Horizont erweitert sich. Wenn dann Probleme auftauchen, wirken sie sich weniger negativ auf unseren inneren Frieden aus.

Altes indisches Gedankengut steuert Wissen und Techniken dazu bei, für unser inneres Leben Sorge zu tragen. Natürlich hat auch die Wissenschaft eine enorme Verantwortung. Aber ich finde es wichtiger, innere Werte zu entwickeln. Man denke nur an die Geschehnisse vom 11. September in New York. Sie zeigen deutlich, wie die moderne Technologie, verbunden mit menschlicher Intelligenz und geleitet von negativen Gefühlen wie Hass, eine Katastrophe herbeiführen kann – eine Katastrophe gewaltigen Ausmaßes, die vielen Menschen Leid zugefügt hat. Die wichtigste Voraussetzung dafür, die Technologie konstruktiver zu nutzen, ist der innere Frieden. Das ist der Hauptgrund für engere Beziehungen zwischen der modernen Wissenschaft und altem humanistischem Gedankengut. Seite an Seite können sie dazu beitragen, eine bessere Welt zu schaffen.«

Ich war fasziniert, als Steven Chu von seiner ersten Begegnung mit dem Dalai Lama erzählte. Sie war offensichtlich ein bedeutendes Ereignis für ihn. Als der Physiker seine Präsentation beendet hatte, fragte ich ihn, ob er sich privat mit dem Dalai Lama und mir treffen wolle. An eine Audienz habe er nicht gedacht, meinte Chu. Er sei nur aus einem Grund nach Dharamsala gekommen: Er wolle wissen, was der Buddhismus über die moderne Physik zu sagen habe. Doch mein Vorschlag begeisterte ihn. Ja, es wäre ihm eine Ehre, den geistlichen und weltlichen Führer des tibetischen Volkes zu treffen.

Am letzten Konferenztag quetschten Steven Chu, seine Frau Jean und ich uns gegenüber dem Dalai Lama auf eine Couch im Audienzraum. Der Amerikaner chinesischer Herkunft war leger gekleidet; er trug ein hellblaues Hemd, eine beige Freizeithose und schmuddelige Tennisschuhe – in Stanford kannte man ihn als leidenschaftlichen Tennisspieler. Tenzin Geyche, der in seinem grauen tibetischen Gewand gelehrt und vornehm wirkte, saß etwas abseits.

»Als Sie gestern bei der Konferenz sprachen, wurde Ihre asiatische Herkunft deutlich«, sagte der Dalai Lama sofort zu Chu. »Bescheidenheit. Sie brachten zum Ausdruck, dass Ihr Wissen begrenzt ist. Aber als Sie mit Ihrer Erklärung begannen, taten Sie dies mit großer Autorität.«

»Wenn wir Wissenschaftler etwas erklären, behalten wir immer im Auge: Dieses wissen wir, jenes nicht«, antwortete Chu.

»Das stimmt. Ich erkenne echte Wissenschaftler… Sie sind vorurteilslose Beobachter. Kaum mentale Projektion; sie versuchen immer, die Wirklichkeit zu begreifen«, sagte der Dalai Lama.

»Wir versuchen es«, sagte Chu.

»Nun. Nobelpreisträger. Chinesischer Herkunft. Und er hier, mein alter Freund«, der Dalai Lama deutete mit dem Finger auf mich, »ist angeblich auch chinesischer Herkunft. Inzwischen eher ein Halbchinese.« Sein berühmtes Baritonlachen füllte den Audienzraum. Er machte sich bei jeder Gelegenheit über meinen westlichen Lebensstil lustig.

»Normalerweise bin ich, wenn ich hierher komme, um Seine Heiligkeit zu besuchen, der einzige Chinese unter all den Tibetern. Dieses Mal habe ich Unterstützung«, sagte ich und tätschelte dem Amerikaner chinesischer Herkunft das Knie. »Doch der Unterschied ist: Der eine ist ein kluger Chinese, der andere ein ziemlich dummer. Den Teil über die Gummienten habe ich verstanden. Doch der Rest war für mich fremd wie böhmische Dörfer.«

Chu lächelte und schüttelte den Kopf.

Der Dalai Lama rutschte plötzlich in seinem Sessel

nach vorn und richtete seine Aufmerksamkeit auf den Wissenschaftler.

»Vorgestern hat ein Genetiker uns von seinem Forschungszentrum in Boston berichtet«, sagte der Dalai Lama. »Dann erzählte er uns, dass es Zweigstellen in Europa und sogar eine in Peking gibt. Da hatte ich das Gefühl, dass die Wissenschaftler wirklich die Menschheit repräsentieren. Abstammung, Nation oder Ideologie spielen keine Rolle. Sie führen einfach ihre Forschungen durch, unabhängig von diesen anderen Dingen.«

»Das stimmt, zumindest für die meisten Wissenschaftler«, sagte Chu.

»Wir brauchen diesen Geist unter den Politikern, unter den Weltführern«, fuhr der Dalai Lama fort. »Manchmal konzentrieren sie sich zu stark auf ihre eigenen Ideologien, ihre eigenen Nationen. Das führt zu unnötigen Problemen. Das ist verhängnisvoll. Nehmen Sie die Chinesen und die Tibeter. Zweitausend Jahre lang hatten wir enge Beziehungen. Manchmal haben wir gekämpft und uns gegenseitig umgebracht. Manchmal waren wir enge Freunde. Heutzutage ist die Situation schwierig.«

Der Dalai Lama seufzte hörbar und sagte dann: »Meine Hauptsorge gilt nicht allein dem tibetischen Volk oder der tibetischen Nation; sie gilt der tibetischen Tradition: einer Kombination aus Buddhismus, Logik und Philosophie. Diese Tradition ist mehr als nur eine alte Kultur, sie ist auch noch von Bedeutung für die heutige Welt – sie lehrt uns, wie wir mehr über unsere Gefühle erfahren können, wie wir unsere Gefühle verändern können. Ich denke, dass die Erhaltung der tibetischen Spiritualität nicht nur für sechs Millionen Tibeter von Interesse ist, sondern für eine größere Gemeinschaft. Vor allem für unsere chinesischen Brüder und Schwestern. Sie haben so viel von ihrem reichen Erbe verloren. Die Tradition des tibetischen Buddhismus zu erhalten ist für beide Seiten von Vorteil.«

»Professor Chu«, warf ich ein, »Sie haben enge Kontakte zu akademischen Kreisen in China. Wie denken die Chinesen Ihrer Meinung nach über Tibet?«

»Die meisten Leute erhalten ihre Informationen über Tibet aus Quellen, die von der Regierung kontrolliert werden«, antwortete Chu. »Sie sagen: Wir müssen aufpassen; der Dalai Lama ist sehr gerissen. Nicht die Professoren, aber auf jeden Fall die jungen Leute. Doch die Dinge ändern sich. Es wird für die Regierung zunehmend schwieriger, die Presse zu kontrollieren, vor allem das Internet. Man hat versucht, hat doch tatsächlich versucht, Google loszuwerden. Ein paar Wochen lang ist es den Behörden gelungen, alle Suchanfragen an Google umzuleiten auf Suchmaschinen der Regierung. Doch letztlich funktionierte das nicht. Zu viele Leute wussten, wie sich dies umgehen ließ.«

»Außerdem reisen immer mehr Chinesen nach Tibet«, fügte der Dalai Lama hinzu. »Früher nur Touristen. Jetzt kommen viele von ihnen als Pilger. Vor kurzem habe ich gehört, dass die tibetischen Mönche in Lhasa rund sechstausend Yuan im Jahr verdienen. Das entspricht…«

»Rund achttausend US-Dollar«, sagte ich.

»Nein, nein, nein… Ich wollte sagen…« Der Dalai Lama war offensichtlich frustriert, dass er Schwierigkeiten hatte, sich verständlich zu machen. Er wandte sich an Tenzin Geyche und sprach mit ihm auf Tibetisch.

»Seine Heiligkeit sagt, die Spenden, welche die Mönche erhalten, entsprechen etwa…«, begann Geyche.

»Nein, nein, nein«, unterbrach ihn der Dalai Lama. Er hatte endlich die Worte gefunden, um seine Gedanken richtig zu formulieren. »Das Geld, das die Mönche im Jahr von den chinesischen Touristen bekommen, entspricht ungefähr dem Gehalt der Parteikader, die für die Regierung arbeiten. Die Mönche erhalten ihr Einkommen nicht von Tibetern, sondern vor allem von chinesischen Pilgern. Die Tibeter ziehen also – obwohl ihre Situation schwierig ist und sie starken Repressionen ausgesetzt sind – den Chinesen bereits das Geld aus der Tasche.« Er lachte schallend.

Jean Chu schien das ungezügelte Gelächter des Dalai Lama zu faszinieren. Und Tenzin Geyche, normalerweise die Zurückhaltung in Person, grinste über das ganze Gesicht.

»Dies sind positive Zeichen«, fuhr der Dalai Lama fort. »Einige tibetische Lamas unterrichten nun viele Chinesen. Ein Lama im Osten Tibets hat sechshundert chinesische Buddhisten ordiniert. Das sind deutliche Anzeichen dafür, dass viele Chinesen ein echtes Interesse an der tibetischen Kultur zeigen. Dennoch müssen wir mit viel mehr Chinesen Freundschaft schließen. Am besten sind dazu Amerikaner und Kanadier chinesischer Herkunft in der Lage.«

Chu schaute nachdenklich drein: »Ich fahre jetzt vielleicht einmal im Jahr nach China, und immer mehr Leute sind bereit, über wirkliche Probleme zu diskutieren«, sagte er. »In einer privaten Runde wie dieser sprechen sie tatsächlich darüber, was die Regierung tut. Vielleicht gelingt es mir, eine Diskussion über Tibet in Gang zu setzen …« Er zögerte und fuhr dann fort: »Und ich könnte fragen, warum wir nie darüber gesprochen haben. Aber es ist nicht nur die tibetische Kultur. Es ist Falun Gong, alles Spirituelle.«

»Das ist wahr, das ist wahr«, stimmte der Dalai Lama ihm zu.

Eine Weile sagte niemand etwas. Es herrschte ein freundliches Schweigen im Raum. Dann fiel mir ein, dass ich Steven Chu noch etwas anderes fragen wollte.

»Sie haben gestern während Ihres Vortrags gesagt, Ihre erste Begegnung mit dem Dalai Lama in Stanford sei ein sehr wichtiger Moment in Ihrem Leben gewesen. Warum?«

Chu richtete seine Antwort an den Dalai Lama: »Es war meine erste Begegnung mit Ihnen. Vor dem Treffen hatte ich Ihre Biografie gelesen. Ich wusste überhaupt nicht, was mich erwartete. Als Wissenschaftler war ich ein bisschen skeptisch. Abwarten und sehen, dachte ich. Und dann… die Art, wie Sie sich verhielten. Sie lächelten sofort. Da ging mir auf, dass einiges von dem stimmte, was ich über Sie gehört hatte. Ich empfand Sie als sehr warmherzigen Menschen, als sehr freundlichen Menschen, als jemanden, der andere Menschen wirklich mag, selbst diejenigen, die er nicht kennt. Das fühlte ich sofort bei diesem Treffen. Die Tatsache, dass Sie etwas Derartiges in so kurzer Zeit vermitteln können, hinterließ bei mir einen tiefen Eindruck.«

Chu hielt inne. »In meinem Labor arbeitet ein Student«, sagte er dann. »Sehr clever, wuchs in Hongkong auf. Ich habe ihm erzählt, ich würde den Dalai Lama besuchen. Er wurde ein bisschen aufgeregt und sagte, der Dalai Lama sei wahrscheinlich ein gewiefter Politiker.«

Alle im Raum lachten.

»Ich sagte ihm: ›Ich treffe immer mal wieder Politiker; sie verhalten sich völlig anders.‹ Der Student erwiderte: ›Aber er ist das Staatsoberhaupt.‹ – ›Ja‹, antwortete ich, ›er ist das Staatsoberhaupt, aber ich glaube nicht, dass er ein Politiker ist.‹«

Der Dalai Lama rutschte ganz bis zum Rand seines Sessels vor, beugte sich nach vorn, wobei seine Unterarme bequem auf seinen Knien ruhten, starrte ins Leere und gab dann eine Anekdote zum Besten.

»Vor vielen Jahren«, sagte er, »lernte ich einen Chinesen kennen. Er studierte den chinesischen Buddhismus, Konfuzius. Er arbeitete in Amerika. Seine Freunde, chinesische Geschäftsleute in New York, sagten ihm, der Dalai Lama sei kein religiöser Mensch; er sei in erster Linie Politiker. Unter den anderen tibetischen Lamas gebe es einige wahre spirituelle Meister. Aber der Dalai Lama gehöre nicht zu ihnen. Deswegen zögerte dieser Student, an meinem Unterricht teilzunehmen. Aus Neugierde kam er dann doch. Und ihm fiel auf: Der Dalai Lama ist sehr ehrlich, sehr mitfühlend. Er fand mehr über mich heraus und beobachtete sehr genau mein Verhalten. Schließlich wurden wir enge spirituelle Freunde. Er nannte mich seinen Lehrer. In der Tat wurde er von mir ordiniert. Also nicht nur die Kommunisten, sondern die Öffentlichkeit im Allgemeinen hat dieses falsche Bild von mir. Da ich für Tibet verantwortlich bin, haben die Medien die Vorstellung verbreitet, der Dalai Lama sei kein einfacher tibetischer Mönch, sondern vor allem Politiker.«

Er legte eine Kunstpause ein. Dann sagte er: »Hoffentlich ein knallharter Politiker.«

Nachdem das Lachen verebbt war, wandte sich der Dalai Lama Jean Chu zu, die still dagesessen hatte. »Sie wollten etwas sagen?«

»Gestern Abend haben wir das tibetische Kinderdorf

besucht«, sagte sie, »und ich war beeindruckt, dass Sie es geschafft haben, Ihre Kultur hier in Dharamsala zu bewahren. Sie haben Ihr Heimatland verlassen und sich dennoch Ihre Identität bewahrt. Ich denke, damit sind Sie für andere Menschen ein großartiges Vorbild.«

Der Dalai Lama setzte zu einer Antwort an, änderte seine Meinung und sprach mit Tenzin Geyche auf Tibetisch.

»Ihre Bemerkung ist sehr ermutigend«, übersetzte Geyche.

»Ja«, sagte der Dalai Lama. »Von Anfang an, seit dreiundvierzig Jahren, war unser Hauptanliegen die Erhaltung der tibetischen Kultur – die Gründung von Schulen, Kinderdörfern und so weiter. Und wir schufen tibetische Kolonien in Südindien. Dahinter steckte das gleiche Prinzip: unsere Kultur zu bewahren. Nun, ich bin stolz, sagen zu können, dass es auch außerhalb Tibets eine reine tibetische Tradition, reines buddhistisches Wissen gibt.«

»Das Wunderbare, das wir hier über den Buddhismus gelernt haben, ist, dass er sehr offen ist«, fügte Jean hinzu. »Er ist in der Lage, eine andere Denkweise zu akzeptieren, dieses Denken in die Gesellschaft mit einzubeziehen und sie damit zu bereichern.«

»Danke«, sagte der Dalai Lama. »Deswegen hat jetzt jeder junge Tibeter in Indien nur das eine Ziel: nach Amerika zu gehen.«

Wieder lachte er lauthals los. Dann war es Zeit, den Audienzsaal zu verlassen und den Berg hinauf zurück zur Konferenz zu gehen.

7. Diamanten im Netz

Der Dalai Lama stieg aus dem weißen, gepanzerten Ambassador und schlurfte zu einem provisorischen Podium, das neben dem imposanten Stupa in Sarnath errichtet worden war. Ein paar hundert Pilger und Mönche hatten sich dort versammelt und warteten darauf, dass der Dalai Lama das Wort an sie richtete. Es war Januar, und der geistliche und weltliche Führer des tibetischen Volkes hatte sich auf eine außergewöhnliche Pilgerfahrt zu den heiligsten buddhistischen Stätten Indiens begeben. Sarnath war die erste Station. Zwei Dutzend hohe Lamas in ihren typischen kastanienbraunen Gewändern, dicke Weihrauchstäbe in den Händen, säumten den Weg, um ihn willkommen zu heißen.

Ich staunte über die entsetzliche Haltung des Dalai Lama – sein Rücken war fast völlig gekrümmt, während er auf die Lamas zuging. Wie viele tibetische Mönche hatte er gerundete, nach vorn fallende Schultern, die den Eindruck erweckten, er habe einen Buckel – eine unterbewusste Körpersprache, die Demut andeutete und die im Laufe der Zeit zum Dauerzustand wurde. Der Dalai Lama begrüßte die Lamas, die erlauchtesten im buddhistischen Pantheon Tibets, sehr herzlich und mit einer ungezwungenen Kameradschaftlichkeit. Diese älteren spirituellen Meister wetteiferten schonungslos miteinander, wer sich am tiefsten verneigen konnte.

Als sich der tibetische Führer seinem mit Ringelblumen geschmückten Thron näherte, blieb er stehen und betrachtete das zehn Stockwerke hohe Monument, eine ungewöhnlich aussehende Konstruktion, die entfernt an eine riesige sowjetische Zweistufenrakete erinnerte – nur dass die Spitze eher flach als stromlinienförmig war. Es war schon ein kleines Wunder, dass der vor zwei Jahrhunderten erbaute Stupa, der jeden Sommer dem Monsunregen ausgesetzt war, noch stand. Da eine größere Renovierung anstand, war er von einem Bambusgerüst umgeben. An die unteren Sprossen hatten die Pilger als Opfergabe zahlreiche weiße Schals gebunden.

Der Stupa steht dort, wo Buddha nach seiner Erleuchtung unter dem Bodhibaum in Bodh Gaya seine erste Predigt hielt. Für viele ist Sarnath gleichbedeutend mit der Geburtsstätte des Buddhismus. Nach dem Tod Buddhas gedieh die Religion in Indien über anderthalb Jahrtausende – bis zur Invasion der Muslime. In den vergangenen dreißig Jahren ist Sarnath jedoch erneut zu einem Zentrum buddhistischen Denkens geworden. Ein Dutzend neuer Tempel und Klöster, welche die unterschiedlichen Richtungen des Buddhismus repräsentieren, wurde erbaut, und während der Pilgerzeit strömen die Gläubigen hierher.

Der Dalai Lama hatte mir erzählt, dass Sarnath in ihm starke Gefühle auslöse. Kurz nach seiner Flucht aus Tibet im Jahr 1959 hatte er eine Pilgerfahrt nach Sarnath unternommen. Dort hatten zweitausend Not leidende Tibeter, die einige Wochen zuvor den Himalaja überquert hatten und ins Exil gegangen waren, vor dem berühmten Stupa auf ihn gewartet. Sie waren in einer sehr schlechten Verfassung: Die meisten von ihnen hatten auf dem Marsch Verwandte verloren; einige hatten schlimme Erfrierungen erlitten. Mit nichts weiter auf dem Rücken als ihren Kleidern und ein paar eilig geretteten Familienstücken erreichten sie die dunstigen Ebenen Sarnaths und errichteten behelfsmäßige Unterkünfte, um sich recht und schlecht durchzuschlagen.

Als der damals vierundzwanzigjährige Dalai Lama die Menge sah, brach er zusammen und weinte. Alles, was er während jener turbulenten Monate erlebt hatte – die stetig zunehmende Repression der Chinesen in Lhasa, die Flucht über den Himalaja, die Erkenntnis, dass er zum Flüchtling geworden war –, all das wurde ihm in diesem Moment klar. Die widersprüchlichen Gefühle, die er verdrängt hatte, brachen aus ihm hervor. Und er weinte, wie er nie zuvor geweint hatte.

Mein allererstes Treffen mit dem Dalai Lama fand, wie ich schon erzählt habe, im März 1972 statt. Ich erinnere mich noch daran, wie unsicher ich mich fühlte. Ich wusste damals nicht viel über die sinotibetischen Beziehungen, aber eins wusste ich immerhin: Die Chinesen hatten während der Okkupation des Landes sehr viele Tibeter getötet. Ich hatte mir Gedanken gemacht, wie der geistliche und weltliche Führer des tibetischen Volkes auf mich reagieren würde. Schließlich war ich, seit er vor einem Jahrzehnt ins Exil gegangen war, der erste Chinese, der ihm gegenübersaß.

»Wie Sie sich vielleicht erinnern«, sagte ich vor kurzem bei einem Interview in Dharamsala zum Dalai Lama, »beschäftigte mich bei meiner ersten Audienz im Jahr 1972 vor allem die Frage, ob Sie die Chinesen hassten. Sie sagten mir, Sie würden sic nicht hassen; Sie sagten mir, Sie hätten ihnen wirklich vergeben. Eure Heiligkeit, das war nur dreizehn Jahre nachdem Ihr Euer Land verloren hattet. Eure Großmut überraschte mich.«

»Das ist die buddhistische Praxis«, sagte der Dalai

Lama. »Ich bin kein Einzelfall. Viele Menschen, die den tibetischen Buddhismus ausüben, haben eine ähnliche Einstellung. Versöhnlichkeit und Mitgefühl sind ein wichtiger Teil unserer Praxis.«

»Was empfinden Sie heute den Chinesen gegenüber?«

»Ich denke, meine Vorträge hier und auch in Taiwan haben Ihnen meine Gefühle gegenüber den Chinesen deutlich gemacht«, antwortete der Dalai Lama. »Ob es sich um Geistliche, um gewöhnliche Menschen, um taiwanesische Beamte oder sogar taiwanesische Leibwächter handelt – ich bin sehr freundlich zu ihnen. Vielleicht deshalb, weil ich seit meiner Kindheit im Nordosten Tibets gebrochen Chinesisch sprechen kann. Das ist so. Deswegen reagiere ich ganz automatisch auf diese Weise, wenn ein Chinese mir als echter Freund begegnet. Aber wo immer ich hingehe, wann immer ich jemanden kennen lerne, ob einen Schwarzafrikaner, einen Inder, einen Chinesen oder einen Europäer, ich glaube, das ändert kaum etwas an meinem Verhalten.«

Ich habe es zwar nicht gesagt, aber ich glaube, das stimmt nicht ganz. Meiner Meinung nach hat sich der Dalai Lama immer besondere Mühe gegeben, eine Beziehung zu den Chinesen herzustellen, vor allem zu den Festlandchinesen. Er engagiert sich sehr bei diesen Begegnungen, und häufig sind die Menschen von Gefühlen für ihn überwältigt. Ich erinnerte mich an sein Treffen mit dem chinesischen Autor Wang Lixiong in Washington, D. C. Wang war der erste Chinese, der offen und unvoreingenommen über die derzeitige Situation in Tibet schrieb.

Dieses Treffen war ungewöhnlich. Statt Wang wie üblich in seiner Hotelsuite zu empfangen, wartete der Dalai Lama, begleitet von seinen Leibwächtern und seinen persönlichen Beratern, in der Nähe des Aufzugs. Diesen Respekt erweist er nicht allzu vielen Menschen – zumindest habe ich es selten erlebt. Der Dalai Lama begrüßte Wang herzlich auf Chinesisch: *»Ni hao.«* Dann nahm er ihn bei der Hand und führte ihn zu seiner Suite. Schweigend setzten sie sich einander gegenüber auf Sofas neben dem schwarzen Steinway-Stutzflügel, der Mönch in seinem kastanienfarbenen Gewand und der Autor in seiner dunkelblauen chinesischen Jacke. Plötzlich sprang der Dalai Lama auf, streckte die Hand aus und zog Wang zu sich hin. Er legte seine Stirn fest an Wangs Stirn. Zehn, zwanzig Sekunden vergingen. Als sie auseinander traten, sah Wang, dass der Dalai Lama feuchte Augen hatte. Später schrieb er in einem Buch, in dem er von ihren Unterhaltungen berichtete: »Vielleicht sah er mich als Repräsentant der Chinesen an, die seit Generationen an der Grenze zu Tibet wohnten. Er hatte zwar in der Vergangenheit einige Chinesen getroffen, aber die meisten von ihnen waren Emigranten, die ihre Wurzeln nicht mehr in China hatten.«

»Nun, warum habe ich den Chinesen gegenüber diese freundlichen Gefühle?«, setzte der Dalai Lama seinen Gedankengang fort. »Meine Gefühle, mein Denken werden bestimmt vom Prinzip der Interdependenz. Als ich zum Beispiel in Taiwan war, traf ich mich mit Führern der DPP [Demokratische Fortschrittspartei, die herrschende Partei Taiwans]. Ich sagte ihnen, was Tibet anbelange, strebe ich nicht nach Unabhängigkeit. Und ich sagte ihnen, Taiwan solle seine Beziehungen zu China ebenfalls sorgfältig überdenken. Taiwan ist in den Bereichen Wirtschaft, Verteidigung und so weiter auf besonders enge Beziehungen zu China angewiesen. Die ganze Welt hängt zunehmend voneinander ab. Tibet ist in ökonomischer und umweltpolitischer Hinsicht stark von China abhängig. Wenn es den Chinesen wirtschaftlich besser geht, profitieren die Tibeter davon – wenn wir ein Teil Chinas bleiben. Wenn wir von China unabhängig werden, haben die Tibeter langfristig vielleicht mehr Schwierigkeiten.

Mein Ansatz, den ›mittleren Weg‹ zu wählen, bedeutet: keine Trennung von China – wirtschaftliche Bindung an die Volksrepublik. Aber: völlige Autonomie, Selbstverwaltung. Kultur, Erziehung, Umwelt, Spiritualität: Diese Dinge können wir Tibeter besser regeln. Ich bin mir ziemlich sicher, dass unsere tibetischen Traditionen und die tibetische Spiritualität Millionen von Chinesen helfen können. Einige chinesische Künstler, einige chinesische Denker zeigen bereits Interesse an Tibet, am tibetischen Buddhismus. China und Tibet sollten sich also nicht trennen, sondern einander helfen. Sie sind aufeinander angewiesen.«

Wie so viele Probleme, die dem Dalai Lama sehr am Herzen liegen, basieren seine politischen Ansichten bezüglich der Beziehungen zwischen China und Tibet auf seiner buddhistischen Sichtweise der Interdependenz aller Dinge – Einsichten, die er wie ein Schwamm aufgesaugt und verinnerlicht hat, als er Ende zwanzig war. Das Universum wird gesehen als riesiges, aus unzähligen Fäden gewobenes Netz. An jedem Knotenpunkt ist ein Diamant befestigt. Jeder Diamant mit seiner Vielzahl von Facetten spiegelt alle anderen Diamanten wider – wie eine unendliche Anzahl von Spiegelsälen –, und jeder hat eine unbeschreibliche Beziehung zu allen anderen. Störungen in einem Bereich des Netzes – mögen sie auch noch so klein sein – haben Auswirkungen auf andere Bereiche. Wie beim Schmetterlingseffekt. Der Flügelschlag eines Schmetterlings in Peking könnte winzige atmosphärische Änderungen herbeiführen, die im Laufe der Zeit die Wettermuster in Vancouver beeinflussen.

Auf den Menschen übertragen, werden meine Töchter nicht sicher in ihren Betten schlafen, wenn Kinder in Kabul oder Bagdad in ihren nicht sicher sind. Für den Dalai Lama ist die Realität des Lebens ein organisches Ganzes: Alle Dinge sind miteinander verwoben; nichts existiert unabhängig von anderem. Ein bekanntes tibetisches Sprichwort lautet: Alle Lebewesen waren irgendwann einmal unsere Mütter, so wie wir irgendwann einmal deren Mütter waren. Es spornt uns dazu an, mit allen Kräften nach innerer Selbstbeschränkung zu streben sowie Rücksicht auf das Wohlergehen anderer zu nehmen. Diese Idee hat mir intuitiv zwar eingeleuchtet, ich kämpfe aber immer noch um ein tieferes Verständnis.

Der Dalai Lama fuhr fort: »Sehen Sie meinen eigenen Fall: In Tibet gab es so viel Zerstörung, so viele Todesopfer. Das waren schmerzliche Erfahrungen. Aber Rache… Rache erzeugt nur weiteres Leid. Wir sollten also weitsichtiger denken: Rache ist sinnlos, deswegen sollten wir vergeben. Vergebung bedeutet nicht, dass man die Vergangenheit einfach vergisst. Nein, man erinnert sich an die Vergangenheit. Man sollte sich der Tatsache bewusst sein, dass das vergangene Leid das Ergebnis der Engstirnigkeit beider Seiten war. Und dann vergeht einige Zeit. Wir sind weiser geworden, haben uns entwickelt. Ich glaube, das ist der einzige Weg.«

»Wie kultivieren Sie Versöhnlichkeit?«, fragte ich.

»Erstens denke ich, im Einklang mit meinen eigenen Erfahrungen, an andere, einschließlich meiner so genannten Feinde. Diese Leute sind auch Menschen. Sie haben das gleiche Recht, glücklich zu sein und Leid zu vermeiden. Natürlichkeit, Lächeln, das sind Dinge, die jeder mag. Aber niemand mag Verbrechen und Blutvergießen. Und zweitens: Meine Zukunft ist mit ihrer Zukunft verknüpft; meine Interessen sind mit ihren Interessen verknüpft. So hat mein Land, mein Volk eine enge Beziehung zu den Chinesen. Unsere Zukunft hängt stark von ihnen ab. Sich um sie zu kümmern heißt letztlich, sich um uns selbst zu kümmern.«

»Aber inwieweit sind Sie persönlich vom Verhalten der Chinesen betroffen?«, fragte ich den Dalai Lama. »Vielleicht gab es aufgrund der chinesischen Invasion Tragödien, von denen Sie persönlich betroffen waren?«

»Ich persönlich war nicht stark davon betroffen. Aber als mir zum Beispiel ein Tibeter, den man in ein chinesisches Gefängnis geworfen hatte – er lebt heute in Nepal –, von diesem Jungen erzählte, der ebenfalls in diesem Gefängnis war…« Der Dalai Lama, der in seinem tiefen, bequemen Sessel hin- und hergerutscht war, hockte nun auf dem Rand und umklammerte die Armlehnen.

»Der Junge war damals sechzehn und, gemäß der chinesischen Verfassung, noch nicht strafmündig. Aber er saß im Gefängnis und sollte hingerichtet werden, weil sein Vater gegen die Chinesen gekämpft hatte. Eines Tages kamen chinesische Soldaten mit Gewehren. Ein Offizier sah sich um, entdeckte eine Eisenstange, hob sie auf und schlug den Jungen, dessen Vater ein paar Soldaten des Offiziers getötet hatte. Um seinen Rachedurst zu stillen, schlug der Offizier den Jungen, der sowieso sterben sollte, mit dieser Eisenstange. Als ich das hörte...« Der Dalai Lama führte die Hände an die Augen. »Mir kamen die Tränen.«

Die tragische Geschichte berührte mich; es machte mich betroffen, dass erwachsene Männer jungen, unschuldigen Menschen so entsetzliche Dinge antun konnten. Doch vor allem empfand ich in diesem Moment Scham. Ich war angewidert und fühlte mich schuldig – mitschuldig. Wie einige andere Chinesen, die ich kenne, habe ich die Angewohnheit, mich mit dem Verhalten von Menschen chinesischer Herkunft zu identifizieren, egal, wo sie leben. Als ich in Vancouver las, dass ein chinesisches Restaurant in Schanghai seinen Gästen Hunde servierte, zuckte ich unwillkürlich zusammen.

»Wie hat die Geschichte von diesem tibetischen Jungen Ihre Sicht auf die Chinesen beeinflusst? Welche Rolle spielte dabei das Prinzip der Interdependenz?«, fragte ich nach einer Pause.

»Zuerst war ich wütend, dann hatte ich Mitleid mit dem Offizier«, antwortete der Dalai Lama. »Die Handlung des Offiziers ist Ergebnis seiner Motivation; seine Motivation ist Ergebnis der Propaganda. Aufgrund der Propaganda gilt der konterrevolutionäre Vater als das Böse. Die Vernichtung des Bösen wird als etwas Positives angesehen. Diese Art von Glauben ist ein falscher Glauben. Man kann diesem Menschen nicht die Schuld geben. Unter Umständen wie diesen würde vielleicht sogar ich so handeln. Diese Denkweise führte dazu, dass an die Stelle von Wut Versöhnlichkeit und Mitgefühl traten. Das Prinzip der Interdependenz hilft, das ganze Bild zu sehen: Dies passiert aufgrund von jenem, und jenes passiert aufgrund von diesem. Klar?«

Der Dalai Lama hat diese unheimliche Fähigkeit, sich in einen anderen Menschen hineinzuversetzen. Vor allem wenn der andere Mensch sein Feind ist. So hat er mir früher einmal gesagt, dass er seine Feinde als seine wertvollsten Lehrer betrachtet. Er liebt und ehrt seine Freunde. Aber er glaubt, dass es unsere Feinde sind, die uns wirklich dazu herausfordern, Qualitäten wie Versöhnlichkeit und Mitgefühl zu entwickeln. Versöhnlichkeit und Mitgefühl wiederum sind eine wesentliche Voraussetzung für den Seelenfrieden.

»Das Wesen des Buddhismus ist einerseits das Mitgefühl und andererseits die Interdependenz«, fuhr der Dalai Lama fort. »Und ich sage den Leuten immer, dass es wichtig ist, zwischen Folgendem zu unterscheiden: dem Handelnden und der Handlung. Wir müssen schlechte Handlungen bekämpfen. Aber das bedeutet nicht, dass wir gegen diese Person, gegen den Handelnden sind. Sobald die Handlung vorbei ist, geschieht etwas anderes, und dann könnte dieser Mensch unser Freund sein. Wenn also heute der Chinese der Feind ist, besteht immer die Möglichkeit, dass er morgen unser Freund wird. Und deswegen habe ich kein Problem, den Chinesen das, was sie meinem Land und meinen Leuten angetan haben, zu vergeben.«

Der Dalai Lama entspannte sich und ließ sich gegen die Rückenlehne seines Sessels fallen. Dann sagte er spontan: »Aber wenn ich dabei gewesen wäre und den chinesischen Soldaten getroffen hätte, den Offizier, der den Jungen geschlagen hat… Wenn ich da gewesen wäre, ich weiß nicht, was ich dann getan hätte.« Er hob die rechte Hand, die auf seinem Bauch geruht hatte, und tat so, als würde er ein Gewehr halten. Ein schelmisches Lächeln umspielte seine Lippen.

»In einem solchen Moment würde ich den Chinesen vielleicht erschießen«, sagte der Dalai Lama und zuckte die Schultern. Er hob die Arme und breitete sie aus. Dann begann er, leise in sich hineinzulachen.

Ich fiel nicht in sein Lachen ein. Ich konnte mir dieses Szenario beim besten Willen nicht vorstellen. »Selbst mit Ihrer buddhistischen Praxis?«, fragte ich den Dalai Lama.

»Schon möglich. In so einer Extremsituation wäre das schon möglich. Manchmal setzt das Denken erst später ein. Nach dem Handeln.«

8. Ein Gewehr im Schlafzimmer

In den alten Ruinen der Universität von Nalanda war die Nachmittagssonne warm und angenehm. Der Dalai Lama und sein Gefolge von rund hundert Mönchen saßen auf der Grasfläche direkt gegenüber den Überresten eines rund dreißig Meter hohen Stupas und rezitierten Gebete. Sie waren nach einem Aufenthalt in Sarnath hierher gekommen, um im Rahmen einer außergewöhnlichen Pilgerfahrt den überragenden indischen Buddhisten, die an der Universität von Nalanda studiert und gelehrt hatten, ihre Ehrerbietung zu erweisen. Der tibetische Führer war seit über zwei Jahrzehnten nicht mehr hier gewesen.

Plötzlich tauchte aus dem Nichts ein weißer Hund auf und trottete zu den Mönchen hinüber. Er wählte einen Platz in ihrer Nähe und hockte sich hin, den Kopf herausfordernd in Richtung des Dalai Lama gehoben. Nachdem er eine Weile dort gesessen hatte, als würde er sich auf den tiefen Sprechgesang einstimmen, legte er sich hin und schlief.

Ich ging hinüber zu dem aus rotem Ziegelstein erbauten Stupa, einer eindrucksvollen, tausend Jahre alten Ruine, die einer gewaltigen, frei stehenden Treppe glich, kletterte über Mauerreste und gelangte bald zu einer kleinen Kapelle ohne Dach. In einer Nische an einer der Wände befand sich ein Basrelief, das eine Gottheit darstellte. Die kunstvoll gehauene, prächtige und elegante Figur war in tadellosem Zustand. Hüfte und Schultern der Gottheit zeigten in entgegengesetzte Richtungen, um Bewegung anzudeuten. Das Gesicht war herzförmig; ein sanftes Lächeln umspielte die Lippen. Die Figur strahlte inneren Frieden aus. Ich stand wie angewurzelt da und lauschte dem sanften Klang der tibetischen Gebete.

Der Dalai Lama weiß, wie unendlich viel der tibetische Buddhismus den buddhistischen Meistern Indiens verdankt, die vom 2. bis zum 9. Jahrhundert nach Christus – dem goldenen Zeitalter indischen Denkens – in Nalanda lebten und lehrten. Nalanda war die größte und berühmteste Universität im alten Indien, zu deren treuen Förderern die buddhistischen Könige von Gupta und Pala gehörten. Tausend Jahre lang lockte Nalanda, die Harvard-Universität ihrer Zeit, die Besten und Klügsten aus ganz Asien an. Auf ihrem Höhepunkt hatte sie zehntausend Studenten und einen fünfzehnhundert Mitglieder zählenden Lehrkörper. Ende des 12. Jahrhunderts fielen muslimische Armeen über sie her. Die Mönche wurden niedergemetzelt, und ihre Bibliotheken, die über einen sagenhaften Reichtum an handgeschriebenen Manuskripten verfügten, wurden angezündet.

Dem Dalai Lama zufolge würde der tibetische Buddhismus, wie wir ihn heute kennen, ohne die Universität Nalanda nicht existieren. »Jeder wichtige Text, den wir auswendig lernen, wurde von den Meistern von Nalanda geschrieben«, hatte er mir erklärt. »Deswegen sind uns die Namen dieser Meister, vor allem der Name des buddhistischen Meisters des 2. Jahrhunderts – Nagarjuna –, sehr vertraut. Sie sind für uns sehr real. Wir üben unseren Glauben nach ihren Texten aus.«

Bei seinen Ausführungen über Einsichten des Buddha erläuterte Nagarjuna eine Theorie der Realität, die auf der Interdependenz aller Dinge basiert. Im Laufe mehrerer Jahrzehnte machte sich der Dalai Lama die Grundzüge dieses Konzepts zu Eigen. Die Beschäftigung mit der Interdependenz bestimmt sowohl sein Handeln als auch seine Lebenseinstellung.

Das Prinzip der Interdependenz ist nicht gerade leicht zu verstehen. Der Dalai Lama hatte es mir anhand seiner Vision einer friedlichen Koexistenz mit den Chinesen erklärt. Jetzt, nachdem ich ihn nach Nalanda begleitet hatte, wo er Nagarjuna huldigen wollte, bat ich ihn, näher auf dieses Prinzip einzugehen. Wie üblich war der Mönch Lhakdor als sein Übersetzer bei ihm.

Bevor er mit seinen Ausführungen begann, band der Dalai Lama seine Schnürsenkel auf, stellte ordentlich seine braunen, geschnürten Halbschuhe beiseite und verschränkte dann die Beine zum Lotussitz. In dieser Stellung blieb er während des gesamten zweistündigen Gespräches sitzen. Interdependenz ist eins seiner Lieblingsthemen, und er freute sich darauf, es in aller Ausführlichkeit besprechen zu können.

»Die Theorie der Interdependenz ermöglicht es uns, mehr Offenheit zu entwickeln«, begann der Dalai Lama. »Diese Offenheit wiederum führt dazu, dass wir destruktiven Gefühlen wie Wut weniger verhaftet und zu mehr Versöhnlichkeit fähig sind. Heutzutage sind die Nationen stark voneinander abhängig, stark miteinander verbunden. Unter diesen Umständen bedeutet die Vernichtung unseres Feindes – unseres Nachbarn – langfristig unsere eigene Vernichtung. Wir brauchen unseren Nachbarn. Gelangt er zu mehr Wohlstand, profitieren auch wir davon.

Nun, wir sprechen hier nicht davon, uns von Gefühlen wie Wut oder Stolz völlig frei zu machen. Nur davon, sie zu reduzieren. Interdependenz ist wichtig, weil es sich dabei nicht nur um eine Theorie handelt. Sie kann tatsächlich dazu beitragen, das durch diese destruktiven Emotionen verursachte Leid zu mindern.

Wir können sagen, dass die Theorie der Interdependenz uns das Verständnis der Realität ermöglicht«, fuhr der Dalai Lama fort. »Wir begreifen, dass unsere Zukunft vom globalen Wohlergehen abhängt. Engstirnigkeit führt eher zur Entwicklung von Hass. Ich glaube, das ist das Beste an der Theorie der Interdependenz – sie ist eine Erklärung des Naturgesetzes. Sie hat zum Beispiel einen tief greifenden Einfluss auf die Umwelt.«

Interdependenz ist ein fundamentales Prinzip sowohl des Buddhismus als auch der Ökologie. Der Grundgedanke ist der, dass alle Dinge auf unergründliche, aber doch greifbare Weise miteinander verbunden sind. Letztlich hängen alle Dinge voneinander ab.

Plötzlich fiel mir etwas ein, was ich einmal über Charles Darwin gelesen hatte. Aus einer grillenhaften Laune heraus hatte Darwin die Theorie aufgestellt, Katzen liebende alte Jungfern würden London zu einem der angenehmsten Wohnorte der Welt machen. Er argumentierte so: Die große Zahl der Katzen, die sich diese Frauen hielten, hatte eine nachteilige Wirkung auf die Vermehrung von Mäusen. Das war eine gute Nachricht für die Hummeln – die Gefahr, dass ihre unterirdischen Nester durch plündernde Mäuse zerstört wurden, hatte sich verringert. Mehr Hummeln bedeutete wiederum, dass mehr Blumen bestäubt wurden. Deswegen kam Darwin zu dem Schluss, mehr Katzen liebende, alte englische Jungfern seien gleichbedeutend mit mehr Blumen in London.

Von einer ähnlichen Einsicht zeugen folgende Worte des vietnamesischen buddhistischen Meisters Thich Nhat Hanh: »Wenn du ein Dichter bist, wirst du verstehen, dass in diesem Blatt Papier eine Wolke steckt. Ohne eine Wolke gibt es keinen Regen; ohne Regen kann der Baum nicht wachsen; und ohne Bäume können wir kein Papier herstellen.«

Im Laufe der Jahre ist mir aufgefallen, dass das Privatbüro des Dalai Lama sehr sparsam mit seinem Papiervorrat umgeht. Wann immer man mir Unterlagen zukommen lässt, werden dafür ausnahmslos die leeren Rückseiten bereits benutzten Papiers verwendet. Die Privatsekretäre Seiner Heiligkeit sind, was das Recyceln von Papier angeht, geradezu fanatisch. Sie achten peinlich genau darauf, das ökologische Feingefühl ihres Chefs nicht zu verletzen.

Ich kann mir vorstellen, dass der Dalai Lama diese bescheidene Anstrengung, Bäume zu retten, im Zusammenhang mit seinem Verständnis des Prinzips der Interdependenz sieht. Seinem privaten Büro ist es in den vergangenen Jahrzehnten aufgrund seiner Recyclingbemühungen gelungen, ein paar Bäume zu retten. Mehr Bäume sorgen für ein besseres Habitat für andere Pflanzen und für Blumen. Mehr Bäume, Pflanzen und Blumen schaffen angenehmere Bedingungen für Dichter, und Dichter, die in einer inspirierenden Umwelt leben, sind produktiver und schreiben gehaltvollere Gedichte. Die größere Produktivität stellt sicher, dass die Buchläden, die sich auf Dichtung spezialisieren, gut ausgestattet sind. Und überall profitieren die Liebhaber der Dichtkunst davon, dass der Dalai Lama Papier spart.

Ich unterbrach meine Träumerei über Darwin, Dichter und Blumen und fragte den Dalai Lama: »Wie sind Sie zu Ihrem Verständnis der Interdependenz gelangt?«

»Das braucht Zeit, viel Zeit«, antwortete er. »Spirituelles Wachstum braucht Zeit. Es ist nicht so, als würde man ein Licht anschalten, sondern eher, als würde man ein Feuer entzünden: Zuerst ist da nur ein kleiner Funke, der dann größer und größer wird, und das Licht wird immer heller. Das gilt für jede geistige Transformation. Es ist nicht so, dass es bis zu einem bestimmten Zeitpunkt dunkel ist und dann plötzlich hell wird. So funktioniert das nicht. Die Wandlung vollzieht sich ganz allmählich. Zu Beginn nimmt man sie kaum wahr. Ich sage den Leuten oft: Bei der spirituellen Entwicklung sehen wir die Ergebnisse nicht innerhalb von Wochen oder Monaten. Nicht einmal von Jahren. Aber wenn wir Vergleiche ziehen zu dem, was vor zehn oder zwanzig Jahren war, dann spüren wir einen Wandel. Das sage ich den Leuten, und für meine eigene Person gilt das genauso.«

»Wie würden Sie Ihre derzeitige Situation beschreiben?«, fragte ich.

»Da ich seit vielen Jahren über das Prinzip der Interdependenz meditiere und es analysiere, ist es mir inzwischen vertraut«, antwortete der Dalai Lama. »Deswegen entsteht, wenn ich Dinge betrachte, ein völlig anderes Bild, sobald ich mich an die Wahrheit der Interdependenz erinnere. Und die Wahrnehmung stellt sich problemlos ein – fast automatisch. Ein Beispiel: In der Mongolei, die große Zusammenkunft…« Er verfiel ins Tibetische.

»Seine Heiligkeit war in Ulan-Bator«, übersetzte Lhakdor. »Während einer Lehrveranstaltung über das Prinzip der Interdependenz wurde ihm deutlich, wie wenig all diese Menschen vor ihm und auch er selbst fassbar waren – nichts stand für sich allein, alles war miteinander verflochten. Er hatte das starke Gefühl, auf irgendeine Weise direkt mit seinen Zuhörern verbunden zu sein. Es war, als hätten sich die Grenzen seiner Person aufgelöst.«

Die Erfahrung des Dalai Lama erinnerte mich an die Arbeit von Andrew Newberg und Eugene d'Aquili, zwei amerikanischen Wissenschaftlern, die seit vielen Jahren die Beziehung zwischen religiösem Erleben und den Gehirnfunktionen untersuchen. Bei ihrem berühmtesten Experiment nahmen sie die Hilfe eines in der Meditation erfahrenen jungen amerikanischen Buddhisten namens Robert in Anspruch. In einem abgedunkelten Labor führte Robert eine Meditationssitzung durch, wobei um seinen kleinen Finger eine Schnur gewickelt war. Das andere Schnurende führte zu den Wissenschaftlern im Nebenraum.

Nach einer Stunde zog Robert an der Schnur, um Newberg und d'Aquili wissen zu lassen, dass er einen Zustand tiefer Meditation erreicht hatte. Mittels einer intravenösen Tropfinfusion wurde ihm dann ein radioaktiver Tracer injiziert, und eine Hightechkamera zeigte den Wissenschaftlern eine Momentaufnahme der Gehirntätigkeit des Probanden. Die Wissenschaftler sahen etwas Ungewöhnliches: Die Aktivität des oberen Scheitellappens, bekannt als »Orientierungs-Assoziations-Areal« oder OAA, war auf dem Höhepunkt der Meditation deutlich reduziert.

In unserem Gehirn fungiert das OAA gleichzeitig als Gyroskop, als Radar und als GPS-System. Während wir unseren täglichen Pflichten nachgehen, funktioniert das OAA wie ein Supercomputer, der unaufhörlich die sich stets verändernden Koordinaten unseres Körpers in Bezug auf unsere Umgebung ausrechnet. Es ermöglicht uns zum Beispiel das sichere Bewegen durch ein überfülltes Restaurant und die Orientierung mit dem Fahrrad im Verkehr.

Aufgrund früherer Untersuchungen wussten Newberg und d'Aquili, dass das OAA immer aktiv ist. Woher also kam diese verminderte Aktivität in Roberts OAA? Nur eine Erklärung machte Sinn: Der sensorische Input in das OAA wurde blockiert, als Robert während seiner Meditation einen transzendenten Zustand erreichte. Da der Supercomputer nicht mit Daten gefüttert wurde, hatte er Probleme, Roberts körperliche Grenzen darzustellen. Er konnte daher nur zu dem Schluss kommen, dass Robert keine Grenzen hatte, dass er eins mit seiner Umgebung war: Menschen, Dingen, einfach allem.

Als Robert später gefragt wurde, was er während solcher Gipfelpunkte seiner Meditation empfinde, antwortete er: »Es fühlt sich an, als sei ich Teil der gesamten Existenz. Als sei ich mit allem verbunden.« Das war genau das, was spirituelle Meister und Yogis seit Jahrhunderten sagen. Und es glich sehr stark dem, was der Dalai Lama mir gerade erzählt hatte: Wenn er sich auf das Prinzip der Interdependenz konzentriert, sieht er die Welt mit anderen Augen – Dinge und Menschen scheinen nicht losgelöst für sich zu stehen; Ränder werden weicher, und physische Grenzen zwischen ihm und anderen verschwimmen während dieser Phasen spiritueller Klarheit. Aus diesem Grund erfährt der Dalai Lama eine viel tiefere Verbindung zwischen sich und anderen.

»Sie haben mir gesagt, Sie könnten die Interdependenz schon allein dadurch erfahren, dass Sie über sie nachdenken«, sagte ich zum Dalai Lama. »Nehmen wir zum Beispiel Sie und mich. Wenn Sie über die Interdependenz nachdenken, verändere ich mich dann auf subtile Weise vor Ihren Augen?«

»Sie sind immer noch ein Mensch, aber … nicht, wie er gemeinhin erscheint, nicht klar abgegrenzt von anderen.

Die Grenzen verschwimmen eher. Die Verbindung zwischen uns wird stärker, das Mitgefühl wird verstärkt«, antwortete der Dalai Lama. Er dachte einen Moment nach und sprach dann wieder mit Lhakdor tibetisch.

»Durch dieses Verständnis der Realität, in der alles voneinander abhängt«, übersetzte Lhakdor, »gelangt man zu der Erkenntnis, dass man, wenn auch nicht immer sofort, davon profitiert, wenn dem anderen Gutes widerfährt. Wenn andere leiden, wird man schließlich auch leiden. Dieses Verständnis hilft uns, uns besser in andere Menschen hineinzuversetzen, selbst in Menschen völlig anderer Herkunft. Es ist leichter, ihnen Mitgefühl entgegenzubringen.«

»Nehmen wir zum Beispiel Saddam Hussein«, fuhr der Dalai Lama fort. »Ich habe das Gefühl, dass er in den Augen von Präsident [George W.] Bush zu hundert Prozent negativ ist, völlig negativ. Als einziger Weg bleibt, ihn zu beseitigen. Aber die Realität funktioniert nicht auf diese Weise.«

»Was ist die Realität?«, fragte ich.

»Ich denke auf zwei Ebenen. Auf der konventionellen Ebene ist Saddam Hussein von Geburt nicht zu hundert Prozent schlecht – nicht unveränderbar schlecht.« Die Hände des Dalai Lama umkreisten einander und formten eine unsichtbare Sphäre. »Seine Schlechtigkeit rührt von vielen anderen Faktoren her, sie kommt nicht nur aus ihm selbst. Von daher ist sie nicht unabhängig. Sie hängt von vielen anderen Faktoren ab, einschließlich den Amerikanern selbst. Während der Golfkriege gaben alle Saddam Hussein die Schuld. Ich fand das unfair, und ich fühlte mit ihm.«

Der Dalai Lama fühlte mit Saddam Hussein? Mit jemandem, der Millionen von Menschen ins Elend gestürzt hatte? Das sagte etwas Wesentliches über den Dalai Lama aus. Seine Weltsicht, seine Art zu denken – wie rational und inspirierend sie auch sein mag – unterscheidet sich sehr von meiner Weltsicht und meiner Art zu denken.

»Saddam Husseins Diktatur ist nicht einfach aus dem Nichts entstanden«, erklärte der Dalai Lama. »Saddam Hussein: Diktator, Invasor, schlecht.« Mit ernster Miene zählte er die einzelnen Punkte an den Fingern ab. »Aber da ist auch noch seine Armee. Ohne seine Armee, ohne seine Waffen kann er nicht diese Art von Aggressor sein. Diese Waffen werden nicht von den Irakern produziert; sie stammen aus dem Westen. Westliche Unternehmen haben dazu beigetragen, diesen Aggressor aufzubauen. Sie taten es, aber anschließend gaben sie dieser Person die Schuld. Das ist unfair.« Der Dalai Lama lehnte sich auf seinem Stuhl weit vor; seine Stimme wurde lauter. Die Sache regte ihn auf.

»Auf der konventionellen Ebene ist Saddam Hussein also nicht zu hundert Prozent schlecht«, sagte er. »Dann die subtilere Ebene: Wenn jemand wie Bush Saddam Hussein gegenüber negative Gefühle hat, dann ist Hussein in seinen Augen jemand völlig von ihm Getrenntes, durch und durch Schlechtes.« Er streckte den Arm aus, ballte die Faust und starrte sie an.

»In Saddam Husseins Augen wiederum …«, der Dalai Lama begann zu kichern und hatte Probleme, seinen Satz zu beenden, »… ist Bush jemand sehr Negatives. Jemand völlig von ihm Getrenntes … die Verkörperung des Bösen.« Inzwischen wurden seine Worte von lauten Kicksern unterbrochen, und seine Schultern zuckten heftig. Dem Dalai Lama machte es einen Riesenspaß, sich über den mächtigsten Mann der Welt lustig zu machen.

Als sein Gelächter nachließ, sagte er: »In beiden Fällen wird die Realität also völlig missverstanden. Diese Realität ist nur eine geistige Projektion.«

»Ist Saddam Hussein Ihrer Meinung nach nicht zu hundert Prozent schlecht, weil er zum Beispiel trotz allem nett zu seiner Frau ist?«, fragte ich den Dalai Lama.

»O ja, ja«, stimmte er mir begeistert zu. Er freute sich, dass ich das Wesentliche verstanden hatte. »Wenn sich die Umstände ändern, kann diese Person ein sehr netter Mensch werden. Das ist durchaus möglich. Ein weiteres Beispiel: In den Augen von Bin Laden ist Amerika zu hundert Prozent schlecht. Diese Ignoranz hat katastrophale Folgen. Für Bin Laden ist der gesamte Westen antimuslimisch. Vor allem Amerika, der Aggressor der Welt. Und so sieht er Amerika als einen von allem anderen völlig losgelösten, unabhängigen Feind. Das ist eine falsche Sichtweise der Realität.«

»Wie sollte er die Realität sehen?«, fragte ich.

»Amerika ist ein Teil Arabiens; Amerika ist ein Teil von ihm«, antwortete der Dalai Lama, ohne zu zögern.

»Interdependent«, sagte ich.

»Ja, interdependent. Und nicht nur Amerika. In Westeuropa gibt es auch Kritik an den Muslimen. Aber Amerika und Europa sind nicht zu hundert Prozent antimuslimisch. Natürlich nicht. Es handelt sich also wieder um eine geistige Projektion. Das ist engstirnig. Ein Fehler. Wenn wir jedoch davon ausgehen, dass alle Dinge voneinander abhängen, wird unsere Sichtweise offener, die Übergänge werden fließender. Es gibt nicht mehr dieses unverrückbare Bild, an dem man festhalten kann. Diese Perspektive verringert unsere Habgier – denn es existiert kein Objekt, von dem man Besitz ergreifen kann. Unser heftiges Verlangen nach Dingen und Menschen nimmt ab.«

Aufgrund seiner jahrzehntelangen Meditationspraxis hat der Dalai Lama die zeitlose Wahrheit der Interdependenz verinnerlicht. Sie hat seine Gedanken, seine Glaubensvorstellungen und sein Verhalten geprägt. Die Herangehensweise an seine Projekte, seine Reaktionen auf Weltereignisse basieren auf diesem Prinzip. Er hat keine Angst, gegen weit verbreitete Meinungen anzugehen. Er gelangt nicht aufgrund der Übereinstimmung seiner Berater oder aufgrund von Meinungsumfragen zu einer Entscheidung. Sein Mitgefühl für oder zumindest seine fehlende Abneigung gegen Saddam Hussein ist das Ergebnis seiner besonderen Art zu sehen, gebrochen durch das Prisma der Interdependenz.

Aber da ist auch noch etwas anderes am Werk. Der Dalai Lama hatte den Eindruck, die Vereinigten Staaten und ihre Verbündeten hätten sich gegen den irakischen Diktator und seine rückständigen, in der Wüste lebenden Bürger verschworen. Der tibetische Führer hat von Natur aus Mitgefühl mit dem Underdog, vielleicht weil das Mitgefühl in der Theorie der Interdependenz eine wichtige Rolle spielt. Ich bekam eine dunkle Vorstellung davon, als ich einmal früh am Morgen einige Zeit in seiner Residenz in Dharamsala verbringen durfte.

Der Dalai Lama, der eine Meditationspause einlegte, erhob sich von seinem Kissen und bot an, mir seine Wohnräume zu zeigen. Wir verließen sein inneres Heiligtum und betraten eine Vorhalle, die in das große, luftige Wohnzimmer führte. Der Dalai Lama nahm meine Hand und nahm mich mit in einen kleinen, nur spärlich möblierten Raum, der ebenfalls von der Vorhalle abging. Ein schmales Einzelbett nahm einen Großteil des holzgetäfelten Zimmers ein; auf dem Nachttisch standen eine Lampe mit einem wie ein Lotos geformten Schirm und ein Kofferradio.

»Das ist mein altes Schlafzimmer«, erklärte mir der Dalai Lama. »Wegen einiger Erdbebenwarnungen im letzten Jahr bin ich in ein Zimmer im Souterrain gezogen.«

Er deutete auf ein halbes Dutzend verblasster Fotos an einer Wand. Die meisten waren Porträts von tibetischen Mönchen, Lehrern, die er im Laufe seines Lebens gehabt hat. Auf einem seltenen Foto seines geliebten, inzwischen verstorbenen Tutors Ling Rinpoche lächelt der für seine Strenge berühmte Meister sogar leicht. In einer Ecke des Raumes hing ein Gruppenfoto von der gesamten Familie des Dalai Lama: seine Brüder, Schwestern und er, zusammen mit den Eltern.

Dann sah ich an einer Wand etwas Unpassendes, ja sogar Schockierendes. Direkt über dem Bett des Dalai Lama befand sich ein Gewehr, aufgehängt am Lederriemen. Ich hatte meine Kamera dabei und wollte von diesem unpassenden Gegenstand ein Foto machen.

»Nein, nein, kein Foto machen«, hielt mich der Dalai Lama schnell davon ab. »Die Leute könnten fälschlicherweise denken, der Dalai Lama sei gewalttätig. Er liebe Gewehre.« Gehorsam ließ ich die Kamera sinken. Aber ein Gedanke beunruhigte und quälte mich: Seit wann kümmert es den Dalai Lama, was andere Leute über ihn denken? Dieses Verhalten überraschte mich. Es passte überhaupt nicht zu dem Dalai Lama, so wie ich ihn kennen gelernt hatte. Der Dalai Lama als ein Mann der Widersprüche?

Der Dalai Lama erzählte mir dann, dass er das Luftgewehr seit Jahrzehnten habe. »Ich füttere oft kleine Vögel, aber wenn die kommen, kommen auch die Habichte. Und ich mag es nicht, wenn die großen Habichte die kleinen Vögel fressen. Und um diese kleinen Lebewesen zu beschützen, behalte ich das Luftgewehr. Nicht um die Habichte zu verletzen, sondern nur, um sie zu verscheuchen.«

9. Ein Meer goldener Schildkröten

Es war der fünfzehnte Tag des tibetischen Monats, traditionell eine Zeit der Erneuerung. Der Dalai Lama war im buddhistischen Wallfahrtsort Bodh Gaya eingetroffen, um den heiligsten Schrein des Buddhismus zu besuchen. Nach ein paar Tagen dringend benötigter Ruhe würde er seine Pilgerfahrt fortsetzen und zum Vultures' Peak, einer Pilgerstätte, gehen, um dann nach seiner Rückkehr die Kalachakra-Initiation vorzunehmen. Der Dalai Lama bestieg seinen Thron im Mahabodhi-Tempel, der im Schatten des alten Bodhibaums stand, einem direkten Nachkommen des Baums, unter dem Buddha vor zweieinhalb Jahrtausenden erleuchtet worden war. Eine große Schar tibetischer Mönche saß dem Dalai Lama zugewandt in dem offenen Hof. Die Mönche waren hier, um am Sojong-Ritual teilzunehmen, einer Art Beichte, die zweimal im Monat stattfand.

Als sie mit ihrem Sprechgesang begannen, faltete der Dalai Lama sich zu einem Z-förmigen Bündel zusammen. Zunächst kniete er, dann hockte er sich mit dem Gesäß auf die Fersen und beugte den Oberkörper vor und so weit hinunter, dass seine Stirn, direkt vor den Knien, den Boden berührte – eine Haltung absoluter Demut. Da sein Körper durch jahrzehntelanges Sitzen im Lotussitz so gelenkig war, gelang es ihm, eine vollkommen kompakte Form anzunehmen. So wie sich sein aus gelben Stoffstücken zusammengesetztes Gewand über den Rücken legte, sah er aus wie eine große goldene Schildkröte in einem Meer anderer Schildkröten.

Es war das erste Mal, dass ich die Ehre hatte, Zeuge dieses sehr persönlichen Rituals zu werden, und dann auch noch an diesem heiligen Ort! Und im Beisein des Dalai

Lama! Ich war voller Ehrfurcht. Es waren Mönche aller vier Schulen des tibetischen Buddhismus vertreten, ein höchst feierlicher Moment. Nach einer Weile hob einer der Mönche vorsichtig den Kopf – ein kahler Kopf inmitten eines goldenen Feldes. Der Mönch sah sich rasch verstohlen um und zog dann den Kopf wieder ein.

Später hatte ich Gelegenheit, den Dalai Lama zu fragen, was ihm während des Sojong-Rituals durch den Kopf gegangen sei. Er sagte mir: »Ich habe an Buddha und an all jene großen Meister wie Nagarjuna gedacht, die Bodh Gaya besucht haben.«

»Haben Sie auch etwas gebeichtet?«, fragte ich.

»Natürlich. Sojong bedeutet Beichte.«

»Was haben Sie gebeichtet?«

»Dass ich abends Kekse gegessen habe«, sagte der Dalai Lama. »Als buddhistischer Mönch darf ich nach der Mittagsmahlzeit nichts mehr essen.«

Nach dem Sojong-Ritual erhob sich der Dalai Lama und betrat den eingefriedeten Platz rund um den Bodhibaum, ein heiliges, von einer dicken Steineinfassung umgebenes Areal. Fünf oder sechs unglaublich schwere Äste ragten waagerecht aus dem prachtvollen Baum heraus. Dunkelgrün gestrichene Eisenpfosten, die in den Boden einzementiert waren, hielten die Äste davon ab, noch weiter durchzuhängen und die kostbare, kunstvoll gehauene Steineinfassung zu beschädigen. Seidene Schals waren als Opfergaben zusammen mit bunten tibetischen Gebetsfahnen über die Äste geworfen worden. Zwei Damenschirme mit gelben und schwarzen Tupfen waren irgendwie in die

Gabelung zwischen Ast und Stamm geraten, eine weitere symbolische Opfergabe.

Der Dalai Lama schob eine Menge dicht hängender Gebetsfahnen beiseite und ging geduckt durch einen schmalen Durchgang zwischen der Steineinfassung und dem massiven Stamm des Bodhibaums. Der untere Teil des Baums war vollständig mit kastanienbrauner und safrangelber Seide umhüllt. Darüber schimmerten von Pilgern angebrachte goldene Blätter. Ein Baldachin aus Messing, behängt mit funkelnden Lichterketten, schützte eine große, Diamantsitz genannte Steinplatte. Der Dalai Lama kniete nieder und berührte die uralte Tafel als Zeichen der Ehrerbietung mit der Stirn.

Auf dem Diamantsitz saß der Buddha vor zweieinhalbtausend Jahren und meditierte über das Konzept der Leere oder Leerheit. Er erlangte die Erleuchtung, als er eine tiefe Wahrheit verinnerlichte – dass Phänomene im Grunde genommen leer sind; sie existieren nicht unabhängig von ihren Ursachen und Bedingungen.

In vielen seiner Vorträge und Interviews kommt der Dalai Lama unweigerlich auf das Thema der Leerheit zu sprechen. Er sagt immer wieder, dass alles, was Buddha gelehrt habe, auf die grundlegende Idee reduziert werden könne, Leerheit und Mitgefühl zu vereinen. Dies ist die Formel für Glück: Leerheit + Mitgefühl = Glück.

Dem Dalai Lama zufolge müssen wir zuerst Weisheit erlangen, indem wir die Welt so sehen, wie sie ist. Weisheit impliziert ungetrübtes Sehen. Wenn wir Weisheit besitzen, können wir alles um uns herum klar sehen, ohne Vorurteile. Unser Blick durchdringt den Nebel dort draußen wie ein Laserstrahl. Damit dies möglich ist, müssen wir zu wahrer Einsicht in die Leerheit gelangen.

Was ist Leerheit?

Leerheit ist nur eine andere Art zu sagen, dass die Dinge keine individuelle, inhärente Existenz haben. Das bedeutet, dass letztlich nichts – Menschen, Gedanken, Autos – unabhängig aus sich selbst heraus existiert. Es ist eine verständigere Art, die Welt um uns herum zu betrachten, und wirft ein Schlaglicht auf eine subtile, aber grundlegende Wahrheit: Wechselseitige Abhängigkeit und nicht Unabhängigkeit definieren unser Leben und alles, was uns umgibt. Keiner von uns ist eine Insel. Die Welt ist ein riesiges Netz miteinander verflochtener Ereignisse, Menschen und Dinge. Diese Verknüpfungen sind vielleicht schwer zu erkennen, aber sie sind real, sind immer da und lauern direkt unter der Oberfläche.

Doch wir müssen nicht nur Weisheit erlangen, wir brauchen auch eine Methode. Was für eine Methode? Einfach die Kultivierung des Mitgefühls.

Mitgefühl konnte ich noch nachvollziehen. Auch wenn es mir nicht sonderlich gut gelingt, diese Idee im wirklichen Leben umzusetzen, ist sie mir doch einigermaßen verständlich. Aber Leerheit war eine ganz andere Sache. Ich weiß zwar, dass sie von fundamentaler Bedeutung ist, und habe ein laienhaftes Verständnis des Grundkonzeptes, aber die subtileren Interpretationen bereiten mir Schwierigkeiten. Schließlich sind im Laufe der Jahrhunderte ganze Bibliotheken mit Schriften über dieses alte, schwer zu fassende Prinzip gefüllt worden – ein Prinzip, das konkrete Auswirkungen auf unsere moderne Welt hat. Vielleicht war ich zu sehr besessen von der Semantik, von der einfachen, alltäglichen Bedeutung des Wortes. »Leer« ist dem Wörterbuch in meinem Kopf zufolge gleichbedeutend mit

»nichts«. Aber für den Dalai Lama ist alles auf der Welt – Dinge, Menschen, Tiere, Gedanken, Gefühle, Objekte, was auch immer – leer. Weil alles miteinander verflochten ist, gibt es keine Unabhängigkeit. Weil es keine Unabhängigkeit gibt, existiert nichts aus sich heraus. Ich fand es ziemlich schwierig, das zu verstehen.

Während eines unserer Interviews hatte der Dalai Lama mir gesagt: »Dem buddhistischen Glauben zufolge ist es sehr schwierig, seine destruktiven Gefühle auszuschalten, wenn man nicht über die Leerheit meditiert und sie intensiv und direkt erfährt.« Bei dieser Sitzung war der jüngste Bruder des Dalai Lama, Tenzin Choegyal, dabei. Die meiste Zeit hörte er einfach nur zu. Doch jetzt griff er ein: »Victor mag die Leerheit nicht. Er weigert sich, mir zuzuhören, wenn ich darüber spreche.« Der Dalai Lama amüsierte sich über diesen Einwurf.

»Rinpoche macht sich wie immer über mich lustig«, sagte ich dem Dalai Lama. »Das Thema der Leerheit interessiert mich sehr. Ich hoffe auf eine Erklärung von Ihnen, die selbst ein Laie wie ich verstehen kann.«

»Sie waren bei so vielen meiner Vorträge dabei«, sagte der Dalai Lama. »Sie sind so oft in Dharamsala gewesen. Und Sie haben jedes meiner Worte auf Band aufgenommen. Wie kommt es, dass Sie jetzt noch mehr erwarten? Hoffnungsloser Schüler.«

Aber ich war nicht der Einzige. Ich wusste, dass auch Oprah Winfrey Probleme mit dem Konzept der Leerheit hatte.

Im Mai 2001 hatte ich den Dalai Lama auf einer turbulenten Reise durch die Vereinigten Staaten begleitet, bei der er innerhalb von einundzwanzig Tagen neun Städte besuchte. Ein Höhepunkt dieser Reise war die Begegnung des Dalai Lama mit US-Präsident George W. Bush im Weißen Haus. Dieses Treffen blieb mir nicht wegen der Unterhaltung der beiden Männer im Gedächtnis (es war eher ein Austausch von Höflichkeiten als ein wirkliches Gespräch), sondern wegen des Schuhwerks des Dalai Lama: Er trug seine üblichen indischen Gummischlappen!

Nach dem Treffen mit dem Präsidenten kehrte der Dalai Lama in sein Hotel zurück. Dort wartete Oprah auf ihn, begleitet von einer kleinen Armee von Fotografen, Maskenbildnern und Herausgebern von *O, The Oprah Magazine*, ihrer äußerst erfolgreichen Zeitschrift. Sie wurden zu einem ausführlichen Interview in dic elegante Suite des Dalai Lama gebracht.

Die einstündige Sitzung begann vielversprechend. Oprah eröffnete ihr Interview mit der Frage: »Mussten Sie sich jemals etwas verzeihen?«

»Kleine Dinge wie das versehentliche Töten eines Insekts«, antwortete der Dalai Lama.

»Das Töten eines Insekts«, sagte Oprah. »Ein Insekt … hm. Okay.«

»Meine Einstellung zu Stechmücken ist nicht sehr positiv, nicht sehr friedfertig. Das Gleiche gilt für Wanzen.«

»Und das ist *alles*?« Oprah konnte nicht glauben, was sie da hörte. »Das ist in Ihrem ganzen Leben alles, was Sie sich verzeihen müssen?«

»Kleine Fehler vielleicht täglich«, antwortete der Dalai Lama ruhig. »Aber große Fehler wohl nicht.«

»Keine großen Fehler«, wiederholte Oprah und ließ sich

die Vorstellung durch den Kopf gehen. Sie schwieg und schaute aus dem Fenster.

Ihre Stimme klang ehrfurchtsvoll, als sie schließlich sagte: »Es gibt nichts in Ihrem Leben, das Sie bedauern. Das ist ein gutes Leben… das ist ein großartiges Leben, wenn man nichts zu bedauern hat.«

»Was meinen Dienst an Tibet angeht«, sagte der Dalai Lama, »meinen Dienst am Buddhismus, an der Menschheit… da habe ich alles getan, was in meiner Macht steht. Und was meine spirituelle Praxis angeht: Wenn ich mit Menschen, die in der Meditation erfahrener sind als ich – selbst solchen, die viele Jahre in den Bergen verbracht und die Einsgerichtetheit praktiziert haben –, über meine Erfahrungen spreche, stelle ich fest, dass ich nicht allzu sehr hinterherhinke.«

»Würden Sie den Rest der Welt dazu ermutigen zu meditieren?«

»Dumme Frage.« Die Antwort des Dalai Lama war so direkt wie unerwartet.

Oprahs Miene wurde frostig. Verblüfftes Schweigen breitete sich im Hotelzimmer aus. Allen ging folgender Gedanke durch den Kopf: Dies war wahrscheinlich das erste Mal, dass jemand Oprah so etwas ins Gesicht gesagt hatte.

Der Dalai Lama wurde nachdenklich: »Sollten die Leute meditieren? Ich denke, ja«, begann er nach einer Pause. Es war vielleicht eine dumme Frage gewesen, aber er wollte sie dennoch sorgfältig beantworten. »Es lohnt sich für die Welt, mehr nach innen zu schauen. Das tun wir nicht genug. Ich sage nicht, die Menschen sollten religiös sein. Das meine ich nicht. Ich meine vielmehr, dass wir uns stärker auf unser inneres Potenzial konzentrieren sollten.«

»Oh, davon bin ich fest überzeugt«, sagte Oprah sichtlich erleichtert. »Deswegen habe ich die dumme Frage gestellt.« Alle im Raum Anwesenden krümmten sich vor Lachen. »Ich wollte es von Ihnen hören, aber ich bin wirklich fest davon überzeugt.«

»Natürlich können wir andere nicht dazu zwingen. Sie müssen freiwillig dahin gelangen, es zu tun«, fuhr der Dalai Lama fort.

Doch nun, da sich die Spannung gelöst hatte, wollte Oprah das Thema wechseln.

»In meiner Zeitschrift gibt es eine Kolumne mit dem Titel: ›Was ich mit Sicherheit weiß‹«, sagte Oprah. »Was wissen Sie mit Sicherheit? Dasjenige, woran Sie keinen Zweifel haben.«

Der Dalai Lama zögerte nicht: »Mitgefühl ist die beste Quelle des Glücks – für ein glückliches Leben und eine glückliche Welt. Daran besteht kein Zweifel.«

»Dass wir das, was wir anderen geben, zurückbekommen. Da stimme ich Ihnen zu.«

»Das ist gut… Viele Übereinstimmungen.« Der Dalai Lama lachte. »Trotz unterschiedlicher Kulturen, unterschiedlicher Vorstellungen, unterschiedlicher Lebensweisen. Aber in einem unterscheiden wir uns nicht: Wir sind alle Menschen.«

»Wenn Sie ›Menschen‹ sagen, meinen Sie dann, dass wir gleichen Geistes sind?«

»Das ist komplizierter«, antwortete der Dalai Lama. »Ohne die Sache zu untersuchen, spricht jeder vom Menschen, immer vom Menschen. Aber wenn wir analysieren, was ein Mensch ist, finden wir keine Antwort.«

»Finden wir nicht?«

»Das ist ein buddhistisches Prinzip – Leerheit. Leerheit bedeutet nicht, dass nichts existiert. Dinge existieren, aber wir wissen nicht, auf welche Weise sie existieren. Deswegen sind sie leer.«

»Ah...« Oprah grübelte über diese Aussage nach.

Der Dalai Lama fuhr fort: »Leerheit bedeutet also, dass diese Vase«, er deutete auf eine Blumenvase auf dem Couchtisch, »existiert, aber wir können die Art ihrer Existenz nicht ergründen. Deswegen ist sie leer. Leere Natur.«

Ich hatte das Gefühl, dass der Dalai Lama seiner Interviewerin eine umfassendere Erklärung der Leerheit geben wollte. Aber Oprah zögerte. »Das wird meinen Lesern kaum zu erklären sein«, sagte sie. Stattdessen begann sie, den Dalai Lama nach seiner Kindheit in Tibet auszufragen.

In der August-Ausgabe 2001 von *O, The Oprah Magazine* wurde Oprahs Lesern eine betörende, tief schürfende Titelgeschichte über den Dalai Lama geboten. Doch das Konzept der Leerheit wurde mit keinem Wort erwähnt. Einige Monate nach Oprahs Interview sollte ich in der kleinen Pilgerstadt Bodh Gaya in Indien jedoch mehr über dieses schwer fassbare Konzept lernen.

10. Ein koreanischer Gelehrter in Bodh Gaya

Der berühmte koreanische Gelehrte im tadellosen schwarzen, konfuzianisch anmutenden Gewand mit hohem Kragen und langen, fließenden Ärmeln hockte im Schneidersitz vor dem Dalai Lama.

Es war Anfang Januar 2002. Wir saßen auf mit tibetischem Stoff bezogenen Kissen in den Räumen des Dalai Lama im obersten Stock des tibetischen Klosters, in dem er während seines Aufenthalts in Bodh Gaya wohnte. Ich war ein bisschen gereizt. Eigentlich hatte ich hier zwei Interviews mit dem Dalai Lama führen sollen, bevor ich ihn zum Vultures' Peak begleitete. Aber dem Gelehrten Kim Yong-Oak, einem Harvard-Absolventen und Moderator einer beliebten koreanischen Fernsehsendung über Konfuzius, war es am Tag zuvor gelungen, eine Audienz zu vereinbaren. Dabei hatte er den Dalai Lama offensichtlich so sehr beeindruckt, dass dieser ihm ein weiteres Interview gewährte. Ich hatte zwei Tage zuvor eine Sitzung mit dem Dalai Lama gehabt, und es sah ganz so aus, als würde es dabei bleiben.

»Das ist vielleicht eine sehr dumme Frage…«, begann der Koreaner sein Interview. Er nahm seinen schwarzen, randlosen Hut ab, der einer amerikanischen Matrosenmütze glich, und enthüllte sein kahl geschorenes Haupt. Ich schätzte ihn auf Anfang fünfzig. »Ihr Leben lang«, sagte der Gelehrte, und seine Worte flossen ineinander über, »haben Sie so viel studiert und Ihren Körper so sehr diszipliniert. Und Sie hatten alle möglichen Erfahrungen. Sie sind ein großer Denker. Können Sie mir etwas Persönliches aus Ihrem Leben erzählen, zum Beispiel von einer Erleuchtungserfahrung?«

Die Frage überraschte mich. Sie war sehr persönlich

und ungehörig, vor allem wenn man bedachte, dass dies erst das zweite Treffen des Gelehrten mit dem Dalai Lama war. Dennoch, die Antwort interessierte mich. Würde der Dalai Lama einem praktisch Fremden etwas zutiefst Persönliches enthüllen, mit ihm über etwas sprechen, worüber die großen spirituellen Meister selten reden? Würde er von seiner Erfahrung des spirituellen Erwachens berichten?

Mit ernstem Gesicht lehnte sich der Dalai Lama auf seinem Kissen zurück.

»Dieser Körper ist nun sechsundsechzig Jahre alt. Doch was die spirituelle Ebene angeht, bin ich noch sehr jung«, sagte der tibetische Mönch. Er hielt inne und schüttelte sich vor Lachen über seinen eigenen Witz. »Aber natürlich sind das Prinzip der Unbeständigkeit und auch das Prinzip der Leerheit von großer Bedeutung. Sehr nützlich«, sagte er und wurde nachdenklich. »Vor allem das Prinzip der Leerheit.« Kim nahm einen Notizblock heraus und begann zu kritzeln.

»Nagarjuna zufolge bedeutet Leerheit Interdependenz oder das Verwobensein aller Dinge«, sagte der Dalai Lama und beugte sich zu dem Koreaner vor. Nagarjuna ist der indische Meister des 2. Jahrhunderts, dessen Lehren das Fundament des tibetischen Buddhismus bilden.

»Leerheit ist nicht gleichbedeutend mit nichts«, fuhr der Dalai Lama fort. »Leerheit bedeutet voll, nicht leer. Die Erkenntnis der Leerheit, das Wissen von der Leerheit… Ich glaube, ich habe das intellektuell verstanden. Leerheit – oder auch Interdependenz, wenn man so will – verhilft uns zu mehr Offenheit. Unsere Weltsicht, die Art, wie wir unser eigenes Leben betrachten. Sie wird wirklich offener. Es ist sehr hilfreich, diese ganzheitliche Sicht zu entwickeln.«

Der Dalai Lama schaute zur Seite und sprach kurz auf Tibetisch mit Lhakdor, dem Übersetzer.

»Kaffee oder Tee?«, fragte Lhakdor, der neben dem Tibeter auf dem Boden saß, den Gelehrten.

»Egal. Ähm … Tee.«

»Vielleicht Kaffee«, kam der Dalai Lama ihm zu Hilfe.

»Ja, Kaffee …«

»Ein durch Harvard amerikanisierter Koreaner«, witzelte der Dalai Lama.

»Okay, Tee«, erwiderte der Koreaner. »Ja, vielleicht bin ich zu sehr amerikanisiert. Aber obwohl ich im Ausland studiert habe, gelte ich in Korea als sehr traditionsbewusst.«

»Das ist sehr gut. Sehr gut.« Der Dalai Lama nickte.

»Diese Kleidungsstücke habe ich selbst entworfen«, sagte Kim und betätschelte sein elegantes schwarzes Gewand. »Aber normalerweise trage ich sehr traditionelle Kleidungsstücke. Westliche Kleidung niemals.«

Kim hatte zu dem Interview zwei Fotografen und einen Sekretär mitgebracht. Einer der jungen Männer machte in aller Stille von der Seite aus Schnappschüsse. Kim wandte sich nun vom Dalai Lama ab und sprach kurz mit dem Fotografen, der sich daraufhin hinter dem tibetischen Mönch postierte, um seinen Chef besser im Auge zu haben.

Der Dalai Lama wollte gerne mit dem Interview fortfahren. »Nun, Leerheit und Mitgefühl«, sagte er zu dem Koreaner und schenkte dem Blitzen der Kamera keinerlei Beachtung. »Natürlich verstehen wir diese Ideen zunächst auf einer intellektuellen Ebene. Ebenso die positiven Seiten des Mitgefühls und die zerstörerische Wirkung der Selbstsüchtigkeit. Dann, im Laufe der Zeit, beeinflusst dieses Verständnis auch unsere Emotionen. Unsere Gefühle verändern sich langsam. So ist das bei uns Buddhisten. Wir benutzen den Verstand, den Intellekt. Was also das Mitgefühl und das Verständnis der Leerheit angeht, habe ich ein wenig Erfahrung. Diese Erfahrung ist zweifellos von Nutzen. Von großem Nutzen. Und ich bin vollkommen davon überzeugt, dass ich mit zunehmender Erfahrung sogar noch mehr davon profitieren werde. Das steht außer Frage. Wenn man diese Qualitäten entwickelt, findet man Frieden und Glück.«

»Eure Heiligkeit, können Sie mir etwas über das Prinzip der Leerheit sagen?«, fragte der Koreaner. Ich war froh, dass er wie Oprah und ich Schwierigkeiten mit dieser Theorie hatte.

»Es gibt zwei Ebenen der Realität«, erklärte der Dalai Lama seinem koreanischen Besucher. »Die eine Ebene der Realität: Sie sehen, dass dies ein Tisch ist.« Er fuhr leicht mit der linken Hand über den zwischen ihnen stehenden niedrigen Tisch. Dann zeigte er auf seinen Becher mit heißem Wasser, sein Lieblingsgetränk zu allen Tageszeiten: »Das ist Wasser.«

»Konventionelle Realität«, sagte der Koreaner.

»Nun, wie lässt sich die Existenz dieser konventionellen Realität beweisen?«, fragte der Dalai Lama, während er den Becher zu sich heranzog. »Dieses Wasser existiert. Ich sehe, ich fühle… dass es Wasser ist.« Er neigte sich über den Tisch, starrte in den Becher und stieß, um seinen Worten Nachdruck zu verleihen, mehrmals mit dem Zeigefinger dagegen. Dann nahm er die Brille ab und beugte sich ganz dicht über den Becher. »Beim zweiten Hinsehen: immer noch Wasser.«

Der Dalai Lama lehnte sich zurück, setzte die Brille

wieder auf und zeigte auf Lhakdor, der rechts von ihm auf dem Teppich saß. »Wir fragen jemand anders, und auch der sagt, dass es Wasser ist. Dann akzeptieren wir es als real.«

»Sie sprechen über konventionelle Wahrheit«, sagte Kim Yong-Oak.

»Ja, konventionelle Wahrheit. Aber nehmen wir an, ich würde plötzlich Obstsaft statt Wasser sehen. Sehen, dass dieser Becher statt mit Wasser mit gelbem Obstsaft gefüllt ist.« Der Dalai Lama nahm wieder die Brille ab. Er rieb sich mit dem Handrücken über die Augen und beugte sich erneut über den Becher. »Dann schaue ich genau hin: Und ich sehe Wasser. Das beweist, dass meine erste Wahrnehmung falsch war – die gelbe Farbe zu sehen war ein Fehler. Als ich genauer hinsah, war der Obstsaft nicht da.«

Der Dalai Lama setzte wieder die Brille auf und blickte den Koreaner einen Moment lang prüfend an, um zu sehen, ob er etwas von seinen Ausführungen verstanden hatte. Was er gesagt hatte, war, dass unsere alltägliche Wahrnehmung fragwürdig sein kann. Technische Mängel wie unzureichende Lichtbedingungen können dazu führen, dass wir die Dinge nicht richtig sehen.

»Ein anderes Beispiel. Aufgrund meiner Farbenblindheit sehe ich alles schwarz.« Der Dalai Lama deutete auf den Becher und sagte zu dem Gelehrten: »Heute Morgen sehe ich einen schwarzen Becher, und heute Nachmittag sehe ich auch einen schwarzen Becher. Aber ich bin mir nicht sicher. Also frage ich jemanden: ›Schau mal, was ist das für eine Farbe?‹ Wenn derjenige bestätigt, dass der Becher schwarz ist, ist konventionell bestätigt: Er ist schwarz.«

Er zeigte auf Lhakdor und die beiden Fotografen, die

den Gelehrten zu dieser Audienz begleitet hatten. »Aber wenn eine zweite Person, eine dritte Person, eine vierte Person sagt: ›Der Becher ist gelb‹, obwohl er für mich immer schwarz ist, dann stimmt etwas nicht mit meinen Augen. In Wirklichkeit ist der Becher nicht schwarz. Auf diese Weise versuche ich immer, die Wahrheit zu finden, die konventionelle Wahrheit – durch eine rationale Untersuchung.«

Der Dalai Lama erläuterte etwas, was ihm sehr am Herzen lag: eine wissenschaftliche, nüchterne Weltsicht. Er hielt nichts von vagen, halb ausgegorenen Ideen. Schließlich hatte er in seiner Jugend mehr als ein Jahrzehnt lang Logik studiert. Was er zu erklären versuchte, war: Die meisten von uns messen allem einen Sinn und eine Bedeutung bei, um die Welt zu verstehen und zu interpretieren. Doch unsere Erfahrungen beeinflussen unsere Weltsicht. Um Dinge unverzerrt zu verstehen, müssen wir sie mit wissenschaftlicher Strenge untersuchen.

»Kommen wir nun zur endgültigen Realität«, sagte der Dalai Lama und deutete mit dem kleinen Finger auf seinen Becher. »Was genau ist das?« Er beugte sich ganz nah zu dem koreanischen Gelehrten vor und sah ihn forschend an. »Wir sehen Farbe, Form. Aber wenn wir die Form, die Farbe, das Material wegnehmen, was dann? Wo ist der Becher? Dieser Becher ist eine Kombination von Partikeln: Atomen, Elektronen, Quarks. Aber jedes Partikel für sich ist nicht ›der Becher‹. Das Gleiche gilt für die vier Elemente, die Welt, alles. Den Buddha. Wir können den Buddha nicht finden. Das also ist die endgültige Realität. Wenn uns die konventionelle Realität nicht genügt, wenn wir einer Sache nachgehen und versuchen, ihre Essenz zu finden, wird uns das letztlich nicht gelingen.«

Deswegen, sagte der Dalai Lama, sei der Becher leer. Der Begriff »Becher« ist lediglich ein Etikett, mit dessen Hilfe wir die Alltagswirklichkeit beschreiben. Aber jeder Becher existiert aufgrund eines komplizierten Netzes von Ursachen und Bedingungen. Er existiert nicht unabhängig. Er kann nicht aus sich selbst, aus freiem Willen, entstehen.

Nehmen wir an, ich will einen schwarzen Becher herstellen. Hierzu mische ich schwarzen Ton mit Wasser, forme ihn meinem Geschmack entsprechend und brenne die Mischung dann in einem Ofen. Ton plus Wasser verwandeln sich durch mein Tun in einen Becher. Aber dieser Becher existiert aufgrund der unzähligen unterschiedlichen Weisen, in denen Atome und Moleküle interagieren. Und was ist mit mir, dem Schöpfer des schwarzen Bechers? Wenn meine Eltern sich nie begegnet wären, würde es diesen schwarzen Becher vielleicht gar nicht geben.

Deswegen existiert der Becher nicht unabhängig. Er entsteht nur durch ein vielschichtiges Netz von Beziehungen. In den Worten des Dalai Lama – und dies ist das wichtigste Konzept seiner Weltsicht – ist der Becher »abhängig entstanden«. Er wurde zum Becher aufgrund einer Reihe unterschiedlicher Umstände, nicht aus sich selbst heraus. Er ist leer. »Leer« ist die Kurzformel für »leer an intrinsischer, inhärenter Existenz«. Oder anders gesagt: »Leer« ist ein anderes Wort für interdependent.

Der Dalai Lama schaute den Koreaner unverwandt an. Die Intensität seines Blicks beeindruckte mich. Dass der Fotograf unbeholfen um ihn herumschlich und die Verschlüsse der Kamera laut klickten, schien ihn nicht zu kümmern.

Warum sollten wir uns Gedanken über die Leerheit machen? Was hat sie mit unserem wirklichen Leben zu tun? Für den Dalai Lama ist die Perspektive alles. Unser Unglück, unser Leid entsteht zum größten Teil durch Diskrepanzen zwischen unserer Wahrnehmung und der Realität. Ich sehe mich zum Beispiel als eine unverwechselbare Einheit: Ich unterscheide mich von meiner Tochter, meiner Frau, meinem Feind. Ob ich diese Menschen liebe oder hasse, ich glaube, dass ich unabhängig von ihnen existiere. Aufgrund meiner lebenslangen Konditionierung zweifle ich nicht daran, dass es einen deutlichen Unterschied zwischen mir und anderen gibt. Aus dieser Perspektive macht der Eigennutz, die Idee »Jeder für sich«, Sinn.

Wenn ich jedoch die Sichtweise des Dalai Lama akzeptiere, erkenne ich, dass meine Existenz von einer unendlichen Reihe von auf komplizierte Weise miteinander verbundenen Ereignissen, Menschen, Ursachen und Bedingungen abhängig ist. Wäre irgendetwas davon anders gewesen, würde ich auf andere Weise existieren. Wären meine Eltern in Lhasa geboren, wäre ich wahrscheinlich Tibeter und nicht Chinese. Hätte man mich 1972 in Afghanistan nicht entführt, wäre ich dem Dalai Lama vielleicht nie begegnet.

Aus dieser Perspektive machen die Begriffe »selbst« und »andere« nur innerhalb von Beziehungen Sinn. Für den Dalai Lama ist das fundamentale Miteinander-verbunden-Sein von Mensch und Mensch und von Menschen und Dingen das Wesentliche, der Kern der Realität. Das ist seine Weltsicht. Seit gut einem halben Jahrhundert glaubt er zutiefst daran, dass »seine« Interessen und »ihre« Interessen untrennbar miteinander verbunden sind. Auf sehr greifbare Weise kreuzen sie sich. Und deswegen hat er sein gesamtes Leben dem Wohlergehen anderer gewidmet. Er nennt es aufgeklärten Eigennutz. Er ist davon überzeugt, dass er als Erster davon profitieren wird, wenn er anderen helfen kann – weil er ein glücklicherer Mensch sein wird. Er hat keine höhere Berufung als diese.

Das Interview ging zu Ende. Etwa eine Stunde lang hatte der Dalai Lama Kim Yong-Oak geduldig erklärt, wie er in winzigen Schritten im Laufe der Jahre durch ein vernünftiges, logisches Herangehen an seine spirituelle Praxis eine Wandlung erfahren hatte. Er unterstrich die Bedeutung der Vernunft. Er betonte, dass jeder wahres Glück erfahren könne, wenn er sich auf zwei fundamentale Grundsätze des Buddhismus konzentriere: Mitgefühl und Leerheit. Aber im Ergebnis hatte der Dalai Lama mit dem koreanischen Gelehrten nicht über seine eigenen Erleuchtungserfahrungen gesprochen.

II. Einige positive, unsichtbare Schwingungen

Der Dalai Lama verließ sein einfaches Quartier im obersten Stockwerk des tibetischen Klosters in Bodh Gaya und ging über eine Außentreppe hinab in den beengten Klosterhof. Dort parkte der weiße Ambassador. Er sah genauso aus wie jedes andere schäbige Taxi in indischen Städten. Nur dass dieses stark gepanzert war und die getönten Fensterscheiben dick genug waren, um Gewehrkugeln abzulenken. In den vergangenen Monaten hatte eine kleine Gruppe radikaler Maoisten in der Nähe von Bodh Gaya agitiert. Und dieser Teil von Bihar, dem ärmsten Bundesstaat in Indien, war bekannt für gelegentliche bewaffnete Überfälle. Das Außenministerium in Delhi hatte den Wagen aus der nahe gelegenen Stadt Lucknow für den Dalai Lama hierher transportieren lassen, damit er ihm während seiner Pilgerfahrt zur Verfügung stand.

Der Dalai Lama schritt an dem Wagen vorbei und verließ den Klosterhof, begleitet von rund fünfzig Menschen – seinen Beratern und Begleitern, einigen hohen Lamas sowie indischen und tibetischen Sicherheitsbeamten. Das Gelände außerhalb des Klosters, des Epizentrums von Bodh Gaya, war geräumt worden. Eine große Schar von Pilgern und Sympathisanten, die geduldig darauf wartete, einen Blick von dem verehrten tibetischen Führer zu erhaschen, war auf die Bürgersteige zurückgedrängt worden. Die Polizei hatte auf den Straßen weder Autos noch Fahrrad-Rikschas zugelassen.

Der Dalai Lama genoss diesen kurzen Spaziergang zum heiligen Mahabodhi-Tempel, der Stätte, an welcher der Buddha seine Erleuchtung erfahren hatte. Er gab ihm Gelegenheit, mit den Pilgern zu sprechen. Von Zeit zu Zeit flitzte er seinen Leibwächtern davon, um jemanden in der Menge zu begrüßen.

Eine kleine Gruppe von Bettlern, die meisten von ihnen Frauen unbestimmten Alters in bunten Saris, hockte vor den Tempeltoren. Sie waren die Unberührbaren Indiens, und sie hatten weite Entfernungen nach Bodh Gaya zurückgelegt, um bei der Kalachakra-Initiation 2002 dabei zu sein – ein elf Tage währendes buddhistisches Ritual, das der Dalai Lama vor zweihunderttausend Menschen zelebrieren würde. »Hier in Bodh Gaya«, hatte der Dalai Lama mir erklärt, »werden ein paar Tage lang so viele Menschen beisammen sein, um sich auf die Selbstlosigkeit zu konzentrieren, dass es, vielleicht auf einer unsichtbaren Ebene, zu einigen positiven Schwingungen kommen kann. Aber ich kann Ihnen versichern, dass sie, ob positiv oder nicht, auf jeden Fall nicht schädlich sein werden. Und ich glaube, die Teilnehmer können einige kurze Augenblicke ein wenig Ruhe, Frieden und Zufriedenheit erfahren. Das geschieht normalerweise bei der Kalachakra-Initiation.«

Eines war sicher: Die Bettler wussten, dass sie nicht hungern würden. Und sie wussten auch, dass jeder von ihnen am Ende dieser außergewöhnlichen beiden Wochen wahrscheinlich mit einem ordentlichen Bündel Rupien nach Hause gehen würde.

Die Bettler nahmen wenig Notiz von dem näher kommenden Dalai Lama. Ihre ganze Aufmerksamkeit galt vielmehr dem halben Dutzend Tibeter, die einen großen Aluminiumeimer mit Safranreis zu ihnen hinschleppten. Mit schnellen, geübten Bewegungen schöpften zwei junge Männer großzügige Portionen in die ihnen entgegengestreckten Zinntassen. Dieses Ritual fand zweimal täglich statt. Neben den sich schnell fortbewegenden Tibetern tollten auf Händen und Knien fünf oder sechs verkrüppelte

Jungen her, deren Streichholzbeine wie Schwänze rhythmisch hinter ihren mageren Körpern herwippten. Die Jungen würden auch nicht hungern – nicht, solange der Dalai Lama in der Stadt war.

Vor dem Eingang ins innere Heiligtum des Tempels streifte der Dalai Lama seine Gummilatschen ab und warf sich dreimal auf einer purpurroten Seidendecke nieder, die ein Bediensteter auf dem Boden ausgebreitet hatte. Dann ging er durch einen schmalen Gang in eine kleine Kapelle, an deren anderem Ende eine große Buddha-Statue stand.

Der Dalai Lama näherte sich dem Thron; hoch über ihm ragte die Statue auf. Wieder warf er sich dreimal nieder. Eine Gruppe von Mönchen aus Sri Lanka – die offiziellen Wächter des Tempels – mit prächtigen, leuchtend safrangelben Gewändern schwirrte um ihn herum. Außerdem hielten sich in dem kleinen Raum noch ein Dutzend hoher tibetischer Lamas in kastanienbraunen Gewändern und eine Hand voll tibetischer Leibwächter auf. Die Luft war stickig vom durchdringenden, schweren, süßen Weihrauchduft und dem strengen Körpergeruch unzähliger Andächtiger.

Ich stand dicht neben Senge Rabten, dem obersten Leibwächter des Dalai Lama. Der kleine Karateexperte mit dem Bürstenschnitt stellte sich auf die Zehen und versuchte, einen an der Wand montierten Ventilator zu regulieren. Er fummelte ein wenig daran herum und schaffte es dann, einen Strom verbrauchter Luft in Richtung des Dalai Lama zu lenken. Von draußen drang der Lärm der riesigen Menschenmenge herein, die von Soldaten mit Schnellfeuerwaffen in Schach gehalten wurde.

Einer der Mönche aus Sri Lanka reichte dem Dalai

Lama einen brennenden Zunder. Zwei purpurfarbene, spiralförmige Kerzen standen auf einem Absatz vor der Statue. Der Dalai Lama zündete sie vorsichtig an. Dann schaute er zu der Buddha-Statue hoch und hob als Zeichen der Ehrerbietung die rechte Hand.

Ich warf einen Blick auf die alte Steinstatue, die, wie es heißt, rund siebzehnhundert Jahre alt ist. Als sie von britischen Archäologen im 19. Jahrhundert gefunden wurde, war der Kopf vom Körper getrennt. Er wurde wieder angegipst, bevor die Statue im inneren Heiligtum des Tempels ihren Platz erhielt. Ich weiß, dass den Dalai Lama, als er dieses so wichtige Standbild zum ersten Mal zu Gesicht bekam, die deutlich sichtbare Bruchstelle störte. Er spendete eine große Geldsumme und bat darum, die Statue mit Gold zu übermalen. Der Archaeological Survey of India (Amt für Archäologie) protestierte, aber am Ende siegte das religiöse Feingefühl. Die Wand hinter der Statue war blau gestrichen und in ein sanftes Licht getaucht, und man hatte den Eindruck, ein Stück tiefblauen Himmel durch ein großes Fenster zu sehen. Ich versuchte vergeblich, die verräterische Naht am Hals der Statue zu entdecken.

Der Dalai Lama verließ nun die Kapelle. Er bog nach rechts ab und umrundete den zentralen Turm des Tempels.

Kurz bevor er die Tempeltore erreichte, änderte er unvermittelt den Kurs, ging nach rechts und näherte sich einer großen Schar von Tibetern, die sich gegen die Sicherheitsbeamten drängten. Begleitet von seinem Leibwächter, ging der Dalai Lama auf einen jungen Mann zu, der neben einer alten Frau mit breiten mongolischen Gesichtszügen, das Haar in zwei lange Zöpfe gebunden, auf dem Boden saß. Der junge Mann Anfang zwanzig hielt einen Stock in der

Hand. Obwohl er die Augen geöffnet hatte, ahnte der Dalai Lama, dass er blind war. Der tibetische Mönch kniete sich nieder, nahm die Hand des Mannes und sprach ihn an. Er wollte wissen, wo der blinde Mann herkam und ob er medizinisch behandelt worden sei. Ich staunte über die unheimliche Fähigkeit des Dalai Lama, aus einer riesigen Menschenmenge die Entrechteten und Behinderten herauszufinden.

Später erfuhr ich, dass der junge Mann, Lobsang Thinley mit Namen, mit seiner Mutter aus dem Distrikt Machen in der Präfektur Amdo, einem Teil der chinesischen Provinz Qinghai im Nordosten Tibets, gekommen war. Er hatte sein Augenlicht im Alter von fünfzehn Jahren verloren, als er bei einem Sturz eine schwere Gehirnerschütterung erlitt. Durch eine Operation hatte er sein Sehvermögen teilweise zurückerlangt, war aber schon bald wieder erblindet. Seine Mutter hatte in den darauf folgenden Jahren verzweifelt versucht, ein Heilmittel für ihren Sohn zu finden, und ihn zu größeren Krankenhäusern in Chengdu und Peking gebracht, wo er erneut operiert und auch mit Akupunktur und Moxibustion behandelt worden war. Nichts half. Die Sehnerven des Mannes waren stark beschädigt, und man sagte ihm, dass er nie wieder würde sehen können.

Als er hörte, dass der Dalai Lama zum ersten Mal seit fünfzehn Jahren die Kalachakra-Initiation Anfang 2002 in Bodh Gaya vornehmen würde, wollte der junge Mann unbedingt dorthin. Er wollte in der Nähe des Dalai Lama sein, wollte seine Lehren hören. Familie und Freunde versuchten, ihn davon abzubringen: Die Reise vom Nordosten Tibets über Nepal nach Indien würde anstrengend und gefährlich sein. Aber er hörte nicht auf sie. Um die Reise zu finanzieren, verkaufte seine Mutter all ihren Schmuck und ihr Vieh und lieh Geld von Verwandten. Sie hoffte immer noch, dass ihr Sohn eines Tages geheilt werden würde. Vielleicht hatten sie ja in Indien, der Geburtsstätte des Buddhismus, Glück.

Nach einem kurzen Gespräch mit Mutter und Sohn wollte der Dalai Lama gehen. Der junge Mann hielt noch einige Augenblicke seine Hände fest; er wollte sie einfach nicht loslassen. Der Dalai Lama sprach mit einem seiner Berater. Dr. Tseten Dorji Sadutshang, einer seiner Leibärzte und Direktor des Delek-Krankenhauses in Dharamsala, sollte den Mann untersuchen, um zu sehen, ob etwas für ihn getan werden konnte. Dann verließ er den Mahabodhi-Tempel und ging zurück zum tibetischen Kloster.

12. Wie das Modellieren von Ton

Ein paar Tage nach der Begegnung des Dalai Lama mit dem blinden Mann in Bodh Gaya aß ich wie gewöhnlich in dem kleinen Speiseraum im zweiten Stock des tibetischen Klosters zu Abend. Hier nahm das gesamte Gefolge des Dalai Lama, vom Sekretär des Privatbüros bis hin zu den Leibwächtern, seine Mahlzeiten ein. An den meisten Abenden gab es traditionelle tibetische Gerichte: Klöße und Nudelsuppe mit Gemüse.

Als ich mit der Suppe begann, glitt Dr. Tseten Dorji Sadutshang auf den Stuhl neben mir. Wir hatten uns zwei Jahre zuvor in Spiti, einem ehemaligen tibetischen Königreich nördlich von Dharamsala, kennen gelernt. Dr. Tseten ist ernst und sehr dünn. Er macht den Eindruck eines introvertierten Gelehrten, und sein Ton ist nachdenklich und bedächtig. Er ist eigentlich ein Einzelgänger, kann aber manchmal überraschend gesellig sein.

Ich fragte ihn nach Lobsang Thinley, dem Blinden aus Tibet.

»Ich erhielt die Nachricht von Seiner Heiligkeit«, sagte Dr. Tseten. »Aber bevor ich Gelegenheit hatte, den Blinden zu untersuchen, erfuhr ich, dass ein junger Tibeter, ein Mönch des Klosters Drepung in Südindien, dem Mann seine Augen spenden wolle.«

Ich hörte auf, meine Nudelsuppe zu schlürfen, und sah mich im Raum um. Hatte irgendjemand das mitbekommen? Aber niemand hatte Notiz davon genommen.

»Ja, es ist erstaunlich«, sagte der Arzt, der an der Harvard Medical School studiert hatte. »So etwas habe ich noch nie zuvor gehört. Augenspenden, ja, von Toten. Aber noch nie von einem Lebenden.«

»Sind die beiden Männer miteinander verwandt?«, fragte ich nach einer langen Pause.

»Sie sind sich während der Pilgerfahrt in Sarnath begegnet, kurz bevor sie gemeinsam den Zug nach Bodh Gaya genommen haben. Sie haben sich nur ein paar Tage gekannt.«

»Haben Sie den blinden jungen Mann kennen gelernt?«, fragte ich.

»Ja, ich war im Lager der Pilger aus Tibet. Dort lebten zwei- oder dreihundert Menschen in Zelten direkt hinter dem Tempel. Sie hatten es alle geschafft, über den Himalaja nach Nepal zu gelangen, wo sie dann die Grenzsoldaten bestachen, sie nach Indien hineinzulassen. Der blinde Mann war in einem Zelt zusammen mit acht oder zehn anderen. Seine Mutter weinte die ganze Zeit, als ich dort war.«

»Haben Sie seine Augen untersucht?«

»Nein, das war nicht möglich. Das Licht war schlecht, und ich hatte keine Instrumente dabei.«

»Haben Sie ihm von dem Angebot des Mönchs erzählt?«

»Er wusste bereits davon. Ich habe ihm gesagt, wir müssten ihn zunächst eingehend untersuchen, um herauszufinden, was mit seinen Augen nicht stimmt. Und beide Männer müssten daraufhin untersucht werden, ob sie zueinander passen, ob die Transplantation möglich sei.«

Ich wandte mich wieder meiner Suppe zu und Dr. Tseten seiner Schüssel mit Nudeln.

»Der Blinde hat mir gesagt, er habe lange und gründlich über die Spende nachgedacht«, fuhr er fort. »Natürlich hat ihn das Angebot zutiefst gerührt. Aber letztlich, so sagte er, habe er es ablehnen müssen. Er hat im Laufe der Jahre so sehr gelitten und kann einfach den Gedanken nicht ertragen, dass ein anderer die gleichen Qualen erleidet.«

Dr. Tseten erzählte mir, er sei am nächsten Tag zum Lager der Mönche des Klosters Drepung gegangen. Dort hatte er Tsering Dhondup treffen wollen, den Mann, der angeboten hatte, seine Augen zu spenden. Doch der Mönch war nicht da gewesen.

»Gestern habe ich Seine Heiligkeit den Dalai Lama aufgesucht und ihm von dem Angebot des Mönchs erzählt«, sagte Dr. Tseten.

»Wie hat er reagiert?«

»Es war einer der wertvollsten Momente in meinem Leben«, sagte Dr. Tseten leise. »Noch bevor ich die Geschichte von dem Mönch zu Ende erzählt hatte, spürte ich tief aus seinem Inneren ein so unendlich großes Mitgefühl emporsteigen. Es war real, fast körperlich. Aber er sagte kein Wort. Mir stiegen Tränen in die Augen. So etwas hatte ich noch nie gespürt. Ein so mächtiges Mitgefühl, das mich einhüllte, in mich hineinsickerte.«

Mitgefühl ist ein Thema, auf das der Dalai Lama immer wieder zurückkommt. Ich glaube nicht, dass ich jemals einen Vortrag von ihm gehört habe, bei dem er sich nicht ausführlich darüber ausgelassen hat. Ich weiß auch, dass er seit einem halben Jahrhundert ohne Ausnahme jeden Morgen über das Mitgefühl meditiert.

Bei einem meiner Interviews bat ich den Dalai Lama, mir seine Interpretation von Mitgefühl zu erklären. Wie üblich war Lhakdor an seiner Seite.

»Mitgefühl könnte man beschreiben als die Fürsorge für andere, die Sorge um die Probleme und den Schmerz anderer«, sagte der Dalai Lama. »Nicht nur um die Probleme und den Schmerz unserer Familie und Freunde, sondern aller Menschen. Auch unserer Feinde. Wenn wir unsere Gefühle richtig analysieren, wird eines deutlich: Solange wir nur an uns selbst denken und andere Menschen vergessen, ist unsere Sichtweise sehr eingeschränkt. Das führt dazu, dass uns selbst winzige Probleme sehr groß vorkommen. Sobald wir uns jedoch um das Wohlergehen anderer sorgen, erkennen wir, dass sie, so wie wir, glücklich sein wollen; zufrieden sein wollen. Dieses Gefühl der Sorge verhilft uns zu mehr Offenheit. Dadurch verlieren die eigenen Probleme, selbst große Probleme, an Bedeutung. Das Ergebnis? Ein großes Mehr an innerem Frieden. Denkt man also nur an sich selbst, nur an das eigene Glück, erfährt man tatsächlich weniger Glück. Stattdessen nehmen Sorge und Angst zu.

Das, was ich als den Mitgefühl-Effekt bezeichne, ist also Folgendes: Strebt man nach wahrem Glück, lohnt sich jede Methode, um dies zu erreichen. Und die beste Methode ist: Wenn man an andere denkt, wird man als Erster den größten Nutzen daraus ziehen.«

Ich fragte den Dalai Lama, wie er zu diesem Verständnis des Mitgefühls gelangt sei.

»Ich war zweiunddreißig Jahre alt, als ich diesbezüglich eine einschneidende Erfahrung machte«, erzählte er mir. »1967 unterrichtete mich ein hoher Lama in Shantidevas ›Bodhicharyavatara‹. Seitdem habe ich über das Prinzip des Mitgefühls gelesen und nachgedacht. Es wurde mir sehr vertraut und war mir höchst wichtig. Wenn ich über die

Bedeutung und den Nutzen eines selbstlosen Geistes nachdenke, kommen mir oft die Tränen.«

Er wandte sich an Lhakdor und sprach mit ihm auf Tibetisch. Lhakdor übersetzte: »Sein Mitgefühl, so wie er es verstand, entwickelte sich seit jenem Zeitpunkt kontinuierlich. Wenn er über Mitgefühl meditierte, war er manchmal von Freude und Dankbarkeit erfüllt, aber auch, begleitet von einem Gefühl der Traurigkeit, von großer Sorge um andere.«

»Gibt es nach 1967 einen weiteren Wendepunkt in Ihrer Entwicklung des Mitgefühls?«, fragte ich den Dalai Lama.

»Ständig«, antwortete er auf Englisch, bevor er mit Lhakdor tibetisch sprach.

»Ende der Achtzigerjahre wurde Seiner Heiligkeit Erfahrung des Mitgefühls immer stärker«, übersetzte Lhakdor. Mir fiel auf, dass der Dalai Lama zögerte, direkt mit mir über sein spirituelles Wachstum zu sprechen. Vielleicht befürchtete er, den Eindruck zu vermitteln, er gebe an. Es war ihm offensichtlich angenehmer, über Lhakdor als Vermittler mit mir zu sprechen.

»Seit dieser Zeit ist es für Sie leichter, Mitgefühl zu empfinden?«, fragte ich.

»Ja«, sagte der Dalai Lama und fügte etwas auf Tibetisch hinzu.

Lhakdor begann mit der Übersetzung: »Es ist so: Nach dieser realen Erfahrung mit dem Mitgefühl gab es häufig diese ...«

»Überzeugung ist das treffendere Wort«, unterbrach ihn der Dalai Lama. »Ich kann nicht sagen ›reale Erfahrung‹. Feste Überzeugung.«

»Ein Anzeichen für diese feste Überzeugung ist Folgendes«, fuhr Lhakdor fort. »Wann immer Seine Heiligkeit über Mitgefühl meditierte oder nachdachte, wurden intensive Gefühle in ihm wach. Manchmal kamen ihm während des Unterrichts oder wenn er für sich studierte auch die Tränen. Und wenn Seine Heiligkeit über bestimmte grundlegende Erklärungen der Leerheit nachdachte, rief dies auch ein intensives Gefühl in ihm wach.«

»Ich glaube, dass eine feste Überzeugung oder starke Gefühle tatsächlich eine größere innere Stärke verleihen«, erklärte der Dalai Lama. »Wenn ich also mit Problemen oder mit Kritik konfrontiert werde, zum Beispiel mit grundloser Kritik der Chinesen, bin ich natürlich manchmal ein bisschen verärgert …«

»Aber dann hat er dieses Mitgefühl für sie«, übersetzte Lhakdor. »Er bedauert, dass sie keine positive Beziehung zu ihm herstellen. Doch trotz dieser negativen Einstellung wird sein Gefühl vielleicht dennoch Positives bewirken. Und noch etwas: Seine Heiligkeit möchte darauf hinweisen, dass diese Entwicklung von Mitgefühl das Ergebnis einer langen Praxis ist.«

»Harte Arbeit«, schlug ich vor.

»Nicht sehr hart«, sagte der Dalai Lama. »Früh am Morgen denke ich ein paar Minuten über das Mitgefühl nach. Ein wenig Meditation, ein wenig analytische Meditation. Natürlich lege ich jeden Morgen das Gelübde der Selbstlosigkeit ab. Dabei denke ich über das Mitgefühl nach und rezitiere einige Verse, bis sich ein intensives Gefühl einstellt.

Und das Verständnis des Konzepts der Leerheit trägt sehr dazu bei, Mitgefühl zu entwickeln. Zweifellos verstärkt es das Mitgefühl«, erklärte der Dalai Lama und stach mit dem rechten Zeigefinger mehrmals in die Luft.

Lhakdor führte die Sache näher aus: »Leerheit verhilft uns zu einem Verständnis der endgültigen Wirklichkeit, einem Verständnis der Weisheit der Interdependenz – eines fundamentalen Naturgesetzes. Wir werden uns bewusst, dass wir im Grunde alle miteinander verbunden sind. Aufgrund dieser wechselseitigen Abhängigkeit sind wir in der Lage, uns in das Leid anderer einzufühlen. Sind wir bereit, uns in andere hineinzuversetzen, stellt sich das Mitgefühl von selbst ein. Wir entwickeln echtes Mitgefühl mit den Menschen, die leiden, und den Willen, ihren Schmerz zu lindern. Leerheit fördert also positive Emotionen wie Mitgefühl.«

Leerheit und Mitgefühl. Weisheit und Methode. Dies sind die Grundpfeiler der Praxis des Dalai Lama – alles, was wir über spirituelle Praxis wissen müssen. Er verwendet oft eine Metapher, um ihre zentrale Bedeutung zu veranschaulichen. So wie ein Vogel zwei Flügel braucht, um fliegen zu können, ist ein Mensch, der Weisheit, aber kein Mitgefühl besitzt, wie ein einsamer Eremit, der in den Bergen dahinvegetiert, und ein mitfühlender Mensch ohne Weisheit nichts weiter als ein liebenswerter Dummkopf. Wir brauchen beide Eigenschaften; sie verstärken einander. Sobald wir begriffen haben, dass wir alle miteinander verbunden sind, ist es schwierig, kein Mitgefühl für die Probleme unserer Mitmenschen zu empfinden. Und sobald wir Mitgefühl empfinden, erahnen wir etwas von der zeitlosen Wahrheit der Interdependenz, der Leerheit.

Der Dalai Lama schaute nachdenklich drein. Nach einer Weile drehte er sich zu mir um und sah mir in die Augen. »Einer Sache bin ich mir ganz sicher«, sagte er. »Wenn man über beides meditiert, Leerheit und Mitgefühl …« Dann verfiel er wieder ins Tibetische.

Lhakdor übersetzte: »Seine Heiligkeit ist von Folgendem fest überzeugt: Wenn man über Leerheit und Mitgefühl meditiert, wird man, solange man sich Mühe gibt, einen spürbaren Nutzen daraus ziehen. Die ganze Einstellung ändert sich.«

»Ich halte diese beiden Meditationsübungen für ziemlich klug…« Der Dalai Lama verstummte, nicht ganz davon überzeugt, dass »klug« das richtige Wort war. Er starrte ins Leere und hatte die Hände vor dem Gesicht gefaltet.

»Für … *effektiv*. Ich glaube, das Verständnis der Leerheit macht die Dinge weich, und das Mitgefühl verleiht ihnen eine neue Form.« Als er diesen letzten Satz gesagt hatte, schlug er die Handflächen wie Zimbeln zusammen.

»Wie das Modellieren von Ton«, erlaubte sich Lhakdor eine Bemerkung.

»Mitgefühl und alles, was damit zusammenhängt, ist meiner Erfahrung nach etwas Lebendiges«, fuhr der Dalai Lama fort. »Ich erzähle anderen Menschen von einigen meiner Erfahrungen, von einigen meiner Gefühle, damit sie verstehen: Hier geht es um etwas Reales, etwas Lebendiges. Sonst bekommen viele Leute den Eindruck, sie hätten es mit etwas wie dem buddhistischen ›Himmel‹ zu tun – mit einer Idee, einem Konzept, nicht mit etwas Lebendigem…«

»Fast so, als würde man ein Märchen erzählen«, übersetzte Lhakdor, während sich der Dalai Lama, von einem Lachanfall geschüttelt, auf seinem Stuhl hin und her wiegte.

13. Das Zeug zum Weltraum-Yogi

Fünf indische Kommandotrupps bildeten einen menschlichen Schutzschild um den Dalai Lama, als er sich den steilen Pfad zum Vultures' Peak hinaufschleppte, einer der wichtigsten Pilgerstätten der Buddhisten. Die Soldaten, die einer Eliteeinheit der indischen Armee angehörten, waren ganz in Schwarz gekleidet: langärmelige Baumwollhemden, wallende Kopftücher und frisch gebügelte Hosen. Jeder von ihnen hatte einen Schal so um das Gesicht gebunden, dass nur die Augen sichtbar waren. Alle trugen Schnellfeuerwaffen. Zwei von ihnen, speziell ausgebildete Scharfschützen, hatten Präzisionsgewehre über der Schulter hängen. Selbst ohne ihre Waffen sahen die breitschultrigen, großen Männer beeindruckend aus.

Hinter ihnen her zuckelten weitere Soldaten in khakifarbenen Uniformen und blauen Baskenmützen. Noch nie hatte ich es miterlebt, dass Indien zum Schutz des Dalai Lama so viele Sicherheitskräfte aufbot. Es war für den tibetischen Führer ein seltenes Erlebnis, diese abgelegene Pilgerstätte in Bihar zu besuchen, dem ärmsten, anarchistischsten Bundesstaat des Landes, und die Behörden überließen nichts dem Zufall.

Der Dalai Lama stieg langsam, aber stetig den Berg hinauf und stützte sich vorsichtig auf einen dürren Ast, der ihm als Stock diente. Hin und wieder plauderte er kurz mit seinen indischen Begleitern, doch die meiste Zeit blieb er für sich. Nach einem Viertel der Strecke nahm er seinen kastanienbraunen äußeren Schal ab und reichte ihn Buchung, seinem Bediensteten, der ihn sorgfältig zu einem quadratischen Paket zusammenfaltete. Einmal wich der Dalai Lama ein paar Schritte vom Weg ab, um sich eine kleine, in die Bergwand gegrabene Meditationshöhle anzusehen. Vor zweieinhalbtausend Jahren hatte sich ein Schüler Buddhas dorthin zur Meditation zurückgezogen.

Als wir den Gipfel des Vultures' Peak erreichten, war der Dalai Lama durchgeschwitzt. Er blieb stehen, griff in seine Mönchskutte, zog ein Taschentuch heraus und betupfte sich das Gesicht. Tenzin Taklha, der immer in seiner Nähe war, wollte ihm das gebrauchte Taschentuch abnehmen. Doch der Dalai Lama steckte es wieder in seine Kutte.

Der Gipfel des Vultures' Peak, ein handtuchgroßes, ebenes Stück Erde, war auf drei Seiten von Felsen umgeben. Auf der vierten Seite fiel ein äußerst schmaler Grat steil zum Tal hin ab. Eine u-förmige, hüfthohe Mauer aus Ziegelsteinen, auf der als Opfergabe zahlreiche Kerzen aufgestellt worden waren, umschloss den flachen Bereich.

Nachdem er sich mehrmals niedergeworfen hatte, ging der Dalai Lama zum Rand und schaute hinab in das flache Tal Rajgir, drei Autostunden entfernt von Bodh Gaya. Eine einsame Schotterstraße zerschnitt das grüne Ackerland und führte direkt zu den Bergen, die das Tal einrahmten. Die Aussicht war herrlich. Aber den Dalai Lama beschäftigte anderes. Seine Gedanken waren bei den Gebeten – den Weisheitssutras, die das Konzept der Leerheit erklären –, die er hier rezitieren wollte. Dies war die Stelle, an welcher der Buddha vor zweieinhalbtausend Jahren die Theorie der Leerheit entwickelt hatte, eine Idee, die das Herzstück der buddhistischen Lehre bildet.

Bei vorangegangenen Treffen hatte der Dalai Lama mir ausführlich die zusammenhängenden Konzepte der Interdependenz und der Leerheit erklärt – zwei Seiten derselben Sache, zwei unterschiedliche Arten, sich mit der gleichen Idee auseinander zu setzen. Dazu hat er mir Folgendes gesagt: Die Existenz aller Dinge – Kaffeebecher, Eifersucht – hängt ganz von einem komplizierten Netz von Beziehungen ab. Denkt man lange genug darüber nach, wird man folglich zu dem Schluss kommen, dass diese Dinge nicht unabhängig voneinander existieren können. Deswegen haben sie in der Terminologie des Dalai Lama kein Eigenleben. Sie haben keine inhärente Existenz. Mit anderen Worten: Sie sind leer. Der Dalai Lama hat mir auch gesagt, dass eine strenge spirituelle Praxis erforderlich ist, um diese zentralen Konzepte, jenseits eines rein intellektuellen Verständnisses, vollständig begreifen zu können.

Während eines anderen Interviews wollte ich wissen, wie es kam, dass das Konzept der Leerheit eine so zentrale Bedeutung in seinem Leben erlangt hatte.

»Das Konzept der Leerheit ist nicht leicht zu verstehen«, sagte der Dalai Lama. »Aber sobald ich zu einem gewissen Verständnis, zu einigen direkten Einsichten gelangt war, erkannte ich, dass es sich auf fast alle Erfahrungen, alle Situationen anwenden lässt.«

Er wandte sich auf Tibetisch an Lhakdor. »Da er mit zunehmendem Alter mehr Wissen erworben hat, ist der Einfluss der Leerheit auf sein Leben spürbarer geworden«, übersetzte Lhakdor.

»Schon mit etwa zwanzig Jahren habe ich mich sehr für das Konzept der Leerheit interessiert«, fuhr der Dalai Lama fort und schaukelte leicht auf seinem Stuhl vor und zurück. »Ich erinnere mich da an etwas. 1954 nahm ich am Nationalen Volkskongress in Peking teil. An manchen Tagen hatte ich nur wenige Termine. Deswegen bat ich meinen Tutor Ling Rinpoche, mit mir das Konzept der Leerheit zu erarbeiten. Das war ein Indiz für mein Interesse.«

Der Dalai Lama verstummte. Sein rhythmisches Schaukeln hörte auf. Er saß da, als hätte er einen Besenstil verschluckt, und starrte in die Ferne. Nach einer Weile kratzte er sich am Kinn und sprach wieder tibetisch mit Lhakdor, während er die rechte Hand sanft über seinen Brustkorb kreisen ließ. Lhakdor beugte sich weit nach vorn, die Augen fest auf den tibetischen Führer gerichtet, als er übersetzte: »Es war 1963, und Seine Heiligkeit war Ende zwanzig. Eines Tages las er einen buddhistischen Text. Da stieß er auf folgende Zeile: ›Ich‹ bezeichnet lediglich das Selbst physikalischer Aggregate (geistiger und physikalischer Anhäufungen). Sobald er das las, überkam ihn ein ganz besonderes Gefühl – eine seltsame Erfahrung.« Lhakdors Stimme war ein heiseres Flüstern; ich musste mich anstrengen, um ihn zu verstehen.

»Wie lange hielt dieses seltsame Gefühl an?«, fragte ich.

»Ein paar Wochen vielleicht«, antwortete der Dalai Lama. Er sprach wieder mit Lhakdor. Seine zerfurchte Stirn glättete sich ein wenig. Er starrte auf den Fußboden und deutete mit einer ausholenden Geste auf den Teppich. Sein Gesicht zeigte Erstaunen.

»Während dieser Zeit«, übersetzte Lhakdor, »sah er, wann immer er Menschen, Dinge… zum Beispiel einen Teppich sah, diese als Teppich und Menschen, aber gleichzeitig stellte er fest, dass sie keine Essenz besitzen. Er hatte das deutliche Gefühl, dass es kein ›Ich‹ gibt. Nicht in dem Sinne, dass das ›Ich‹ nicht existiert, aber kein ›Ich‹, so wie wir es verstehen.«

»Die Abwesenheit einer soliden Realität«, sagte der Dalai Lama mit Nachdruck. Er hob die Hände bis in Brusthöhe hoch und ballte sie zu Fäusten.

»Hatten Sie irgendwelche Visionen?«, fragte ich vorsichtig, denn ich war mir nicht sicher, ob es klug war, solche Fragen zu stellen. Mir war gerade klar geworden, dass die Unterhaltung eine unerwartete Wendung genommen hatte. Der Dalai Lama erzählte mir etwas sehr Persönliches, etwas, das bislang vielleicht nur eine Hand voll Leute gehört hatte.

»Nein«, antwortete er.

»Aber es gab diese Erfahrung, dass es kein ›Ich‹ gibt«, sagte ich.

»Ja.«

Der Dalai Lama sprach erneut mit Lhakdor. »Es war, als ob ein Blitz durch sein Herz jage«, übersetzte Lhakdor. »Es fühlte sich an wie ein Stromschlag.«

Ich hatte das unangenehme Gefühl, heimlich zu lauschen. Spirituelle Erkenntnisse sind für einen Buddhisten intime, persönliche Erfahrungen, und es war das erste Mal, dass ich einen ernsthaft Praktizierenden darüber sprechen hörte. Aber ich musste noch einmal bestätigt wissen, was ich da gerade gehört hatte. »Ein Stromschlag ging durch Ihren Körper?«, fragte ich den Dalai Lama.

»Ja«, antwortete er. Er hatte die Hände jetzt auf dem Schoß gefaltet und beobachtete mich genau.

Ich hörte ein leises Klicken, ein Geräusch, das von weit her zu kommen schien. Dann wurde mir klar, dass mein Kassettenrekorder stehen geblieben war; das Band war zu Ende. Ich hielt den Blick auf den Dalai Lama gerichtet, denn ich hätte jetzt ohnehin kein neues Band aus dem Rucksack kramen können. Ich würde später von Lhakdor eine Kopie des Interviews bekommen.

»In jenen Wochen nahmen Sie Objekte als essenzlos

wahr?«, fragte ich. Der Dalai Lama saß kerzengerade auf seinem Stuhl, das Gesicht unbewegt. In diesem Moment kam er mir vor wie ein Buddha. Sein Anblick erfüllte mich mit Ehrfurcht.

»Ja. Wenn ich über das Nicht-Selbst, das Nicht-Ich nachdachte«, führte er weiter aus, »dann hatte ich das Gefühl, ein Bild zu sehen. Ich glaube, das ist so ähnlich, als würde man einen Film im Fernsehen oder im Kino sehen. Ja, vor allem einen Kinofilm. Die eine Möglichkeit, den Film zu betrachten, ist die: Man tut es mit dem Gefühl, dort gehe etwas Reales vor sich. Doch während die Augen das Geschehen betrachten, weiß unser Verstand, dass es sich lediglich um einen Film handelt – um Schauspielerei, nichts Reales. So kann man denselben Film auf zweierlei Weise sehen: zum einen, ohne zu verstehen, dass es sich um Schauspielerei handelt; zum anderen mit dem Gefühl, dass es sich um Schauspielerei handelt.«

Der Dalai Lama erzählte mir, dass sich seine Art zu sehen nach der seltsamen Erfahrung im Jahr 1963 verändert hatte. Die Dinge schienen nun zwei Facetten zu haben. Die erste: fest, real, berührbar, die alltäglichen Dinge, denen wir begegnen – Kühlschrank, Wut, Nachbarn. Die zweite: die darunter liegende unwirkliche Natur der Dinge – Dinge, die wie eine Filmvorführung sind –, ihre Essenz nichts als flimmernde Technicolor-Trugbilder auf einer breiten Leinwand. Ihre Existenz, charakterisiert durch ständigen Wandel und durch Unbeständigkeit, hängt von einem Netz von Beziehungen ab. Alle Phänomene – Kühlschrank, Wut, Nachbarn – können aus diesen beiden Blickwinkeln betrachtet werden.

Der Einfluss dieses Vorfalls von 1963 war bleibend, erzählte mir der Dalai Lama. Als er mit seiner spirituellen Praxis fortfuhr und täglich meditierte, hatte er häufiger spirituelle Einsichten. Wann immer ihm der Gedanke an das Selbst oder das Ich durch den Kopf schoss, war er von einem Gefühl der Leerheit, des Nicht-Ich begleitet.

»Früher stellte sich dieses Gefühl normalerweise nur ein, wenn ich ein paar Minuten lang ernsthaft und ununterbrochen darüber nachdachte«, sagte der Dalai Lama. »Heute ändert sich meine Sichtweise sofort, sobald ich nur an Leerheit denke.«

»Ist dies eine stärkere Erkenntnis der Leerheit?«, fragte ich.

»Ja«, sagte der Dalai Lama. Doch dann machte er einen Rückzieher. »Leerheit… Ich weiß nicht.«

Ich hatte das Gefühl, er wollte sich nicht so genau festlegen. »Warum ist es wichtig, das Nicht-Greifbare der Dinge zu sehen? Was hat das mit Ihrem Leben zu tun?«, fragte ich.

Der Dalai Lama sprach mit Lhakdor.

»Normalerweise sehen wir die Dinge als etwas Festes, Greifbares«, übersetzte Lhakdor. »Deswegen neigen wir dazu, uns an sie zu klammern, an ihnen zu hängen. Wir klammern uns an die Vorstellung eines aus sich heraus existierenden Selbst und aus sich heraus existierender Dinge. Wir streben nach neuen Erfahrungen, neuen Errungenschaften. Doch sobald wir sie besitzen, ist der Kitzel vorbei, und wir suchen wieder nach etwas Neuem. Dieses unaufhörliche Verlangen nach Dingen ruft Leid hervor.

Seine Heiligkeit verspürt nicht das Bedürfnis, sich an Dinge zu klammern. Das liegt daran, dass er das Selbst, Wünsche und Sehnsüchte, letztlich als unbeständig, veränderlich und schwer fassbar betrachtet. Leer. Wie Trugbilder, die nicht real sind. Es gibt keine Möglichkeit, sie festzuhalten. Deswegen hat es keinen Sinn, sie zu begehren. Wenn wir zu einem Verständnis des Prinzips der Leerheit gelangen, lässt das Verlangen, die Quelle unseres Leids, nach.«

Der Dalai Lama verfiel erneut ins Tibetische. Irgendetwas hatte ihn mal wieder amüsiert. Er bekam einen seiner Lachanfälle, und sein Kopf wackelte hin und her. Das Lachen überzog sein Gesicht so mit Falten, dass seine Augen nicht mehr zu erkennen waren.

»Seine Heiligkeit sagt, er prahle. Und das sei so, sagt er, als würde ein Dummkopf versuchen, andere zum Narren zu halten«, erklärte Lhakdor mit einem breiten Lächeln.

Ich sah mir die Notizen an, die ich gemacht hatte. Das Interview steuerte erneut in eine unerwartete Richtung. Ein neuer Gedanke schoss mir durch den Kopf, und ich fragte den Dalai Lama: »Haben Sie schon einmal mit jemandem über Ihre spirituellen Erkenntnisse gesprochen?«

»Anfang der Siebzigerjahre«, antwortete er, »erzählte ich Ling Rinpoche – fast so, als würde ich Bericht erstatten – von meinem Verständnis der Leerheit. Und dann …« Seine Stimme verlor sich, und erneut sprach er mit Lhakdor tibetisch.

»Ling Rinpoches Kommentar war der, dass Seine Heiligkeit schon bald ein Weltraum-Yogi werden würde«, übersetzte Lhakdor. »Ein Weltraum-Yogi ist ein Praktizierender, der die Leerheit des Alls erfährt, jemand, der substanzielle Erleuchtung erfahren hat.«

Ich schlug meine Bedenken in den Wind und fragte: »Haben Sie diesen Zustand erreicht?«

»Ich weiß nicht«, sagte der Dalai Lama. Mir fiel auf, dass er Däumchen zu drehen schien, doch im nächsten Augenblick wurde mir klar, dass seine Hände, die entspannt in seinem Schoß ruhten, die Perlen eines imaginären Rosenkranzes rhythmisch durch die Finger gleiten ließen. Er sprach wieder mit Lhakdor.

»Er macht ständig Fortschritte«, übersetzte Lhakdor. »Seine Heiligkeit ist sich einer Sache ganz sicher. Wenn Ling Rinpoche noch lebte und Seine Heiligkeit würde ihm von seinen spirituellen Erkenntnissen erzählen, wäre Ling Rinpoche auf jeden Fall zufrieden.

Es gibt einen Grund, warum Seine Heiligkeit Ihnen all das erklärt«, ergänzte Lhakdor spontan. »Normalerweise geziemt es sich nicht, über diese Dinge zu sprechen.«

»Richtig, richtig. Wenn ich einige meiner Erfahrungen mit dem Mitgefühl und mein Verständnis der Leerheit erkläre, stelle ich deswegen immer klar…«, sagte der Dalai Lama. Er wechselte wieder ins Tibetische.

»Seine Heiligkeit spricht manchmal über seine spirituelle Entwicklung, um andere zu inspirieren«, übersetzte Lhakdor, »aber er sagt abschließend immer: ›Ich sage nicht, dass ich ein Bodhisattva bin; ich sage nicht, dass ich die Leerheit verwirklicht habe.‹ Seine Heiligkeit betont auch, dass man, wie seine eigene Erfahrung gezeigt hat, immer Fortschritte machen kann. Deswegen sagt er seinen Zuhörern: ›Obwohl ich kein Bodhisattva bin, obwohl ich das *bodhicitta* – den grenzenlosen Altruismus – nicht kultiviert habe, kann ich nun den Gipfel des Berges sehen.‹«

»Ich habe den Gipfel nicht erreicht, habe aber nun das Gefühl – oh, ich kann dorthin gelangen«, warf der Dalai Lama ein und kniff sich in die Nase.

»Sie können das schon riechen«, schlug ich vor.

Draußen wurden die Schatten auf der bezaubernden Veranda länger. Der Dalai Lama schaute auf die Uhr und sagte: »Noch fünf Minuten.« Ich war seit fast zwei Stunden bei ihm, aber ich spürte, wie leichte Panik in mir hochstieg. Auf meinem Zettel standen noch immer so viele Fragen. Als ich mir überlegte, welche ich als Nächstes stellen sollte, wandte sich Lhakdor an mich und sagte: »Es ist immer ein wenig gefährlich, über Dinge wie das spirituelle Wachstum zu sprechen.«

»Gefährlich?« Ich war verblüfft. Und es überraschte mich, dass Lhakdor unaufgefordert im Beisein des Dalai Lama diese Warnung ausgesprochen hatte. Normalerweise schwieg er, es sei denn, er wurde gebeten zu übersetzen.

»Wenn man sagt, man habe die Leerheit realisiert, obwohl man diesen Zustand in Wirklichkeit nicht erreicht hat«, erklärte Lhakdor.

»Die Gefahr besteht in Folgendem«, führte der Dalai Lama weiter aus. »Obwohl es nicht beabsichtigt ist, könnte jemand aufgrund meiner Aussage glauben, ich hätte einen höheren Zustand erreicht. Wenn er es aus seinem Glauben heraus annimmt, ist das vielleicht in Ordnung. Aber wenn er es aufgrund meiner Aussage glaubt und ich dann denke…« Er hielt inne.

Lhakdor vervollständigte den Gedanken des Dalai Lama. »Wenn seine Heiligkeit denkt, ›Es ist in Ordnung, es ist gut, dass er diesen Eindruck hat‹, birgt das ein Risiko in sich.«

»Denn dann haben wir es mit einer selbstsüchtigen Motivation zu tun«, fügte der Dalai Lama hinzu.

Wie schon bei anderen Gelegenheiten war ich davon

beeindruckt, wie unerschrocken der Dalai Lama die Motivation seines Handelns untersucht. Es ist ein bedingter Reflex. Es geschieht jedes Mal, wenn er den Mund öffnet oder eine Entscheidung trifft.

»Lügen ist natürlich in jedem Fall eine Sünde, ist negativ, ob es sich um einen Laien oder um einen Mönch handelt«, fuhr der Dalai Lama mit Nachdruck fort. »Aber ich bin ein Mönch, ich bin ordiniert. Wenn ich anderen erzähle, ich hätte tief greifende Erfahrungen spiritueller Erkenntnis, und weiß, dass dies nicht stimmt, handelt es sich um eine schwerwiegende Lüge. Sie ist ein Grund, aus dem Orden ausgeschlossen zu werden – kein Mönch mehr zu sein.«

»Es handelt sich nicht nur um einen kleinen Schwindel, es ist eine ausgesprochen große, schwerwiegende Lüge«, fügte Lhakdor hinzu.

»Wie sexuelles Fehlverhalten, das Töten eines Menschen, Stehlen. Und eben auch diese Lüge«, ergänzte der Dalai Lama.

»Vier schwere Sünden«, sagte ich.

»Dann kann man kein Mönch mehr sein. Deswegen ist es gefährlich«, erklärte der Dalai Lama abschließend.

Unser Interview war zu Ende. Der Dalai Lama kam zu mir herüber und umarmte mich. Nachdem er den Raum verlassen hatte, sammelte ich all die Dinge ein, die ich auf dem Couchtisch verstreut hatte – Notizbücher, Blätter mit getippten Fragen, Fotokopien von Artikeln, Kassettenrekorder. Lhakdor half mir, sie in meinem Rucksack zu verstauen. Wir plauderten nicht wie nach anderen Sitzungen. Ich fühlte mich ausgelaugt, und ihm schien es nicht anders zu ergehen. Als wir den Audienzraum verließen, berührte

Lhakdor mich leicht am Ellbogen. Ich drehte mich zu ihm um. Sein Gesichtsausdruck wirkte weich, ja, ein bisschen verletzlich.

»Wissen Sie, Victor«, sagte er leise zu mir. »Ich habe Seine Heiligkeit schon früher kurz über diese Themen reden hören. Aber ich habe noch nie mitbekommen, dass er so ausführlich auf diese Dinge einging, so in die Tiefe ging. Die Mönche und Lamas in den Klöstern würden ihren Ohren nicht trauen, wenn sie dieses Interview hören würden.« Er sah mir in die Augen. »Sie wären so inspiriert, so gerührt, sie würden verrückt werden.«

14. ...und es fliegen weisse Drachen aus Seide

Das Hotelzimmer gefiel mir, es war geräumig und hatte eine hohe Decke. Es gehörte zu den wenigen Gästezimmern im Circuit House, einem Herrenhaus im Kolonialstil, das von indischen Beamten genutzt wurde, die in Regierungsangelegenheiten in Rajgir waren, der kleinen Stadt in der Nähe des Vultures' Peak. Das Badezimmer allerdings behagte mir nicht. Es gab kein warmes Wasser, und die Toilette war die in östlichen Ländern übliche: ein Loch im Fußboden. Ich habe nie die notwendigen Beinmuskeln trainiert oder die Gelenkigkeit entwickelt, um mit diesen Dingern fertig zu werden. Das Zimmer führte jedoch auf eine große Veranda hinaus, auf der einige Rattanstühle und niedrige Tische standen. Ich konnte mir leicht vorstellen, hier, in weißes Leinen gekleidet, bei Sonnenuntergang zu sitzen und eiskalten, mit einer Zitronenscheibe garnierten Gin Tonic zu schlürfen. Das Zimmer im Circuit House hatte mir das Privatbüro des Dalai Lama besorgt. Es kostete zehn Rupien pro Nacht – zwanzig US-Cents –, welche die indische Regierung zu gegebener Zeit Dharamsala in Rechnung stellen würde.

Ich hatte nicht damit gerechnet, die Nacht hier zu verbringen, aber eine Änderung der Pläne zwang mich dazu. In den letzten Wochen durfte ich den Dalai Lama auf seiner Pilgerfahrt zu einigen der wichtigsten buddhistischen Stätten Indiens begleiten. Nach dem anstrengenden Aufstieg zum Vultures' Peak hatte er beschlossen, direkt zu einem Hotel in Patna zu fahren, das drei Autostunden entfernt lag. Das würde die lange, unbequeme Rückfahrt am nächsten Tag nach Bodh Gaya über die bekanntlich schlechten Straßen von Bihar verkürzen; er käme ausgeruhter dort an und wäre besser vorbereitet auf das große

Kalachakra-Ritual, das er vor zweihunderttausend Pilgern zelebrieren wollte. Ich hatte mich dagegen entschieden, mit dem Dalai Lama nach Patna zu fahren. So eine lange Fahrt konnte ich so spät am Tag nicht mehr durchstehen.

Ich teilte das Hotelzimmer mit Dr. Tseten. Er traf ein, als ich gerade ins Bett gehen wollte. Wir beide haben ein paar Gemeinsamkeiten. Ein Teil seiner Familie lebt in Vancouver, wo ich zu Hause bin, wir haben beide Kinder im Alter zwischen zehn und zwölf Jahren – und wir unterhalten uns beide gerne über den Dalai Lama.

Bevor wir das Licht ausmachten, erzählte mir Dr. Tseten, warum er in Rajgir war, warum er auf eigene Initiative dem Dalai Lama auf seiner Pilgerfahrt zum Vultures' Peak und nach Nalanda gefolgt war. Die Straßen in diesen abgelegenen Gegenden sind schlecht, und es gibt nur sehr wenige medizinische Einrichtungen. Dr. Tseten war nur für alle Fälle mitgekommen. Es war nicht leicht, der Arzt des Dalai Lama zu sein, gestand er mir. Der tibetische Führer wird schnell ärgerlich, wenn seine Mitarbeiter Aufhebens um ihn machen. Es passt ihm nicht, Ärzte dabeizuhaben, wenn er reist. Er findet, sie sollten der Allgemeinheit dienen, statt um ihn herumzuschwirren. Im Laufe der Jahre hat sich Dr. Tseten damit abgefunden, und er hat gelernt, seinen Patienten heimlich zu »beschatten«.

Als ich morgens aufwachte, hatte Dr. Tseten bereits das Zimmer verlassen. Ich nahm eine erfrischende kalte Dusche, packte meine Sachen und ging auf die Terrasse hinaus. Dort setzte ich mich in einen Korbsessel und genoss die kühle Morgenluft. Ein paar Straßenköter, die nach einer Nacht voller Abenteuer tief und fest schliefen, lagen eng zusammengerollt unter einem Baum. Bis auf das Vogelgezwitscher war alles ruhig.

Plötzlich stürmte Dr. Tseten, zwei Stufen auf einmal nehmend, die Treppe hinauf. Ohne mir einen guten Morgen zu wünschen, rief er: »Der Wagen ist da. Wir müssen sofort aufbrechen. Wir haben keine Zeit zum Frühstücken!« Er schnappte sich sein Gepäck und rannte die Treppe hinab. Ich folgte ihm dicht auf den Fersen.

Als wir das Gelände des Circuit House verließen, setzte Dr. Tseten mich ins Bild. Früh am Morgen hatte ihn Tenzin Taklha, der stellvertretende Privatsekretär Seiner Heiligkeit, angerufen. Der Dalai Lama hatte auf dem Weg nach Patna über heftige Unterleibsschmerzen geklagt und die Nacht dort im Hotel Maurya verbracht. Er konnte die Fahrt nach Bodh Gaya nicht fortsetzen. Nach diesem Telefonat hatte Dr. Tseten seine Kollegen angerufen – Dr. Namgyal und Dr. Dawa, Spezialisten in tibetischer Medizin, die eine Klinik in Bodh Gaya leiteten, in der Pilger kostenlos behandelt wurden. Auch sie wollten sich sofort nach Patna aufmachen.

Das Maurya, eingekeilt zwischen einer Reihe schäbiger Wohnblocks, war das beste Hotel in Patna. Sein kleines Foyer war zum Bersten gefüllt mit indischen Journalisten; dies würde ihr Kommandoposten sein, während sie auf Neuigkeiten über den Zustand des Dalai Lama warteten. Ein Leibwächter brachte Dr. Tseten sofort nach oben. Ich ging ins Restaurant, um zu frühstücken, und anschließend hinauf in den dritten Stock. Im Korridor hielt sich eine Phalanx tibetischer Sicherheitskräfte auf. Dr. Tseten und Tenzin Taklha waren nirgendwo zu sehen.

Die Lage schien ernst zu sein. Die Leibwächter des Dalai Lama wirkten besorgt; von ihrem üblichen Geplänkel war nichts zu hören. Und alle drei für den Dalai Lama verantwortlichen Ärzte waren hierher gekommen, um ihn zu untersuchen. In all den Jahren seit meiner ersten Audienz im Jahr 1972 war der tibetische Führer, abgesehen von einer gelegentlichen Grippe oder von Magenbeschwerden, immer gesund gewesen. Er war nur einmal ernsthaft krank, als er sich 1967 eine Hepatitis B zuzog. Damals hatte er einen Monat lang das Bett hüten müssen – für die Exilgemeinde ein Albtraum.

Am späten Vormittag fuhr ich ohne Dr. Tseten zurück nach Bodh Gaya. Ich hatte ein ungutes Gefühl, als sich mein Fahrer durch den dichten Verkehr aus Patna hinausschlängelte.

Nach drei Tagen Ruhe in Patna hatte sich der Zustand des Dalai Lama nicht gebessert. Ein Regierungshubschrauber brachte ihn zum kleinen Flughafen in Gaya, und von dort fuhr man ihn zum nahe gelegenen Kloster Shechen im Herzen von Bodh Gaya. Als er unsicher aus dem Wagen stieg, wurde er von Chime-la, der Tochter des legendären und inzwischen verstorbenen Klostergründers Dilgo Khyentse Rinpoche, willkommen geheißen. Der Dalai Lama ergriff ihren linken Arm und stützte sich mit seinem ganzen Gewicht darauf, während sie langsam zum Eingang gingen. Rabjam Rinpoche, der damalige Abt, wendete den

Blick ab. Tränen rollten ihm die Wangen hinab; er war erschüttert, wie ausgezehrt der Dalai Lama wirkte.

Der acht Jahre alte inkarnierte Lama saß hinter einem niedrigen, mit fein gemusterten Brokatdecken geschmückten Tisch. Die kräftigen Farben des Stoffes wetteiferten mit der auf dem Tisch stehenden Überfülle von Blumen um Aufmerksamkeit. Gelbe Ringelblumen schwammen auf flachen Kupfertellern, die mit Wasser gefüllt waren; rosafarbene Gladiolen und blassviolette Lilien standen in einer Messingvase. Eine übergroße Rückenstütze, die mit auf goldenem Grund herumtollenden Drachen bestickt war, ließ den Jungen winzig erscheinen. Yangsi Rinpoche in seinen gelben und kastanienfarbenen Gewändern wirkte wie ein Prinz auf seinem Thron. Flankiert von Rabjam Rinpoche und anderen hohen Lamas saß er vor einer großen Schar tibetischer Mönche. Sie hatten sich im Hof des Mahabodhi-Tempels in Bodh Gaya versammelt, um für eine schnelle Genesung des Dalai Lama zu beten. Seit der kranke tibetische Führer in Bodh Gaya war, hatte es keinerlei Anzeichen für eine Besserung seines Gesundheitszustandes gegeben.

Ein tibetischer Mönch mit einem weißen Mundschutz näherte sich dem pausbäckigen Jungen. Er hielt einen Drahtkäfig in der Hand, in dem sich ein Kleiner Alexandersittich, ein grüner Vogel von der Größe eines Papageis, befand, und reichte ihn Yangsi Rinpoche. Der Junge lehnte sich vor und hauchte den Vogel an – segnete ein verwandtes Wesen. Dann griff er nach dem Metallring oben auf dem Käfig. Der übermütige Vogel schlug plötzlich heftig mit den Flügeln; erschreckt zog der Junge die Hand zurück. Der Mönch öffnete die Käfigtür. Der Vogel stieß beim Herausfliegen an die Gitterstäbe; dann sah man einen grünen Blitz, und weg war er. Mit sich selbst zufrieden, warf der kleine Lama Rabjam Rinpoche schnell einen verstohlenen Blick zu. Der ältere Lama hatte ein breites Grinsen auf dem Gesicht. Sein junger Schützling hatte gerade mit ein bisschen Hilfe eine bedeutende Handlung vollzogen, die vielleicht Einfluss auf die Genesung des Dalai Lama haben würde.

In einiger Entfernung von mir saß eine Gruppe älterer tibetischer Pilger. Ein Mann war damit beschäftigt, seine selbst gemachte Gebetsmühle zu drehen, einen dicken Holzstock, an dessen oberem Ende gelber Stoff befestigt war, auf dem Gebete geschrieben standen. Er hatte den Stock in den Boden gesteckt und drehte ihn im Uhrzeigersinn; der Stoff wurde zu einem gelben, verschwommenen Flecken. Der Mann neben ihm reckte den Hals, und sein Blick folgte, solange er konnte, der Flugbahn des freigelassenen Vogels.

Der Dalai Lama hatte seit seiner Ankunft in Patna sein Schlafzimmer im obersten Stock des Klosters Shechen nicht mehr verlassen. Seine Ärzte und Paljor-la, seit vielen Jahren sein Diener, waren als Einzige bei ihm gewesen. Tenzin Taklha wanderte mit leerem Blick durch das Kloster, eine Aktenmappe voller Dokumente unter dem Arm: Anweisungen, Mitteilungen des tibetischen Kabinetts und des Privatbüros, Entscheidungen, um die sich der Dalai Lama dringend hätte kümmern müssen. Aber es gab keine

Treffen mit Seiner Heiligkeit, keine Audienzen, keine Unterweisungen.

Während der Dalai Lama von der Welt abgeschirmt war, strömten zweihunderttausend Pilger in die kleine Stadt, in der Buddha erleuchtet worden war. Sie wollten unbedingt einen Blick vom Dalai Lama erhaschen und warteten ungeduldig auf den Beginn der großen Kalachakra-Initiation.

Vier indische Kommandotrupps mit Schnellfeuerwaffen liefen durch das Tor auf das riesige Gelände, auf dem die Kalachakra-Initiation stattfinden sollte. Ihre schwarzen Kopftücher wehten hinter ihnen her. Der weiße Ambassador, in dem der Dalai Lama saß, folgte ihnen langsam. Der Wagen hielt an, und der geistliche und weltliche Führer des tibetischen Volkes stieg aus. Ich hatte ihn seit zehn Tagen nicht mehr gesehen und war bestürzt. Der vormals vitale Mann, der für Mitte fünfzig hatte durchgehen können, sah nun keinen Tag jünger als siebenundsechzig aus.

Die Schultern noch gekrümmter als sonst, schleppte er sich über den mit gelbem Baumwollstoff umwickelten roten Teppich, den man für ihn ausgebreitet hatte. Als er die Mönche und tibetischen Beamten erreichte, die sich, mit Weihrauchsträußen in der Hand, zu seinem Empfang aufgereiht hatten, fuhr er sich mit dem Zeigefinger über die bleiche rechte Wange und sagte etwas zu dem ihm am nächsten stehenden Mönch. Ich vermute, dass er ihn fragte, ob er dünner geworden sei. Es bestand kein Zweifel daran, dass er an Gewicht verloren hatte. Seine Wangen waren hohler, die Augen eingesunken. Als er an mir vorbeiging, deutete er ein Lächeln an. Aber mir war nur allzu bewusst, dass er nicht die Energie hatte, wie üblich die Hand zum Gruß zu heben.

Der Dalai Lama schlurfte durch die kleine Kalachakra-Kapelle, in der sich das Sandmandala befand, und hinaus auf eine große Bühne. Vierhundert der ranghöchsten Mönche aller vier Schulen des tibetischen Buddhismus warteten geduldig auf seine Ankunft. Zwei Tage zuvor hatte man bekannt gegeben, der Dalai Lama werde kurz auf dem Kalachakra-Gelände erscheinen – sein erster öffentlicher Auftritt, seit er krank geworden war. In Bodh Gaya und Umgebung hatte sich Aufregung breit gemacht. Vor der Bühne drängelte sich eine ziemlich große Schar von Journalisten und Fernsehteams, um einen Blick auf den kranken tibetischen Führer werfen zu können.

Der kleine Yangsi Rinpoche saß, zusammen mit einem halben Dutzend inkarnierter Lamas, in der ersten Reihe. Der Dalai Lama ging zu dem Jungen und tätschelte ihm den Kopf. Als Seine Heiligkeit die zu seinem Thron führenden Holzstufen hinaufsteigen wollte, griffen mehrere Paar Hände nach seinen Armen, um ihn zu stützen. Ein stämmiger Mönch trabte die Treppe hinauf, weil er den geschwächten Dalai Lama von oben besser heraufhieven konnte. Schließlich stand der Dalai Lama leicht schwankend auf dem dicken Kissen. Mit vor der Brust gefalteten Händen verbeugte er sich feierlich vor der riesigen Menschenmenge. Rund zweihunderttausend Pilger aus dem gesamten Himalaja-Gebiet und vom indischen Subkontinent hatten sich zusammen mit zweitausend Besuchern aus fünfzig Ländern der westlichen Hemisphäre auf dem Gelände versammelt.

Nachdem er sich gesetzt hatte, kramte der Dalai Lama in den Taschen seines Gewandes herum und zog ein Stück Papier heraus. Das war ungewöhnlich. Er hatte immer aus dem Stegreif gesprochen. Ich ließ den Blick über die Menge gleiten. Aus dem Augenwinkel sah ich etwas, das wie ein weißer, lang gestreckter Vogel aussah, der über der großen Menge von Mönchen durch die Luft schwebte. Ein Mönch hatte, im Lotussitz verweilend, in seine Tasche gegriffen und einen *khata* – einen weißen, als Opfergabe dienenden Schal – herausgenommen, ihn zu einem Ball zusammengeknüllt und über die Menge geworfen. Angetrieben von einem Windstoß, segelte er anmutig durch die Luft. Ein Mönch mit einem langen Spitzbart fing ihn auf und schleuderte ihn weiter. Und schon schwebten, wie auf ein unsichtbares Kommando hin, hunderte weicher Seidentücher wie Seidendrachen durch die Luft und bildeten ein schimmerndes, sich stets veränderndes Netz aus Weiß über einem Meer aus Rot. Da sie nicht in die Nähe der Bühne gelangen konnten, um dem kranken tibetischen Führer ihre Schals zu überreichen, taten die Mönche und Pilger das Nächstbeste.

Der Dalai Lama saß, den Rücken gekrümmt, auf seinem Thron und sah sich das Ganze an. Er holte tief Luft, räusperte sich und schluckte. Mühsam atmete er ein paarmal ein. Ich hatte das Gefühl, dass es für ihn ein bewegender Moment war, dass die Besorgnis so vieler Menschen ihn zutiefst rührte. Ich sollte diese wenigen Sekunden nie vergessen. Auf dem Platz drängte sich eine riesige Menschenmenge, doch kein Hüsteln unterbrach die Stille.

Der Dalai Lama begann seine Ansprache auf Tibetisch. Sein tiefer Bariton war noch da, aber es fehlte ihm an Volumen. Die Krankheit hatte ihm viel von seiner Vitalität geraubt. Lhakdor saß im Lotussitz in einer Ecke der Bühne, ein kleines Mikrofon vor sich. Als sich der Dalai Lama an die Menge wandte, sprach Lhakdor leise auf Englisch in sein Mikrofon. Die ausländischen Besucher konnten seiner Übersetzung über Kopfhörer folgen.

»In den letzten Tagen war ich ziemlich krank«, übersetzte Lhakdor. »Schon als ich noch gesund war, haben mir viele Leute geraten, mir mehr Ruhe zu gönnen und nicht so hart zu arbeiten. Ich habe ihnen wenig Beachtung geschenkt. Ich war also leichtsinnig und ein bisschen dickköpfig.« Der Dalai Lama erzählte der Menge von seiner Pilgerfahrt zum Vultures' Peak und dem anstrengenden Aufstieg zum Gipfel. Er berichtete von den entsetzlichen Schmerzen, die er während der Fahrt nach Patna gehabt hatte.

»Ich denke, ich habe die Krankheit überwunden, aber ich bin noch immer sehr müde«, fuhr er fort. »Ich glaube nicht, dass ich in der Lage sein werde, die einführenden Unterweisungen durchzuführen.« Durch meine Kopfhörer drang ein Schniefen. Ich schaute zu Lhakdor hinüber. Er hatte den Kopf gesenkt, und ich sah, dass sein Gesicht gerötet war. »Was die Kalachakra-Initiation angeht, sie könnte bis zu einem gewissen Grad verkürzt werden. Aber die Vorbereitung darauf dauert mindestens fünf bis sechs Stunden pro Tag – selbst wenn ich mich beeile. Ich denke, dass mein derzeitiger Gesundheitszustand das nicht zulässt.« Wieder hörte ich das Schniefen. Lhakdor schwieg einen Moment und räusperte sich. »Wenn ich mich dazu zwinge, diese Vorbereitungen durchzuführen, wäre das dickköpfig. Deswegen habe ich um meiner Gesundheit willen und um langfristig zum Nutzen anderer arbeiten zu können, beschlossen, die Kalachakra-Initiation auf nächstes Jahr zu verschieben.« Auf der Bühne weinten viele der hohen Lamas und Äbte ganz offen.

»Diejenigen unter Ihnen, die von weit her gekommen sind, sollten nicht traurig sein, dass sie die Kalachakra-Initiation nicht empfangen haben«, übersetzte Lhakdor. »Sie sind mit Entschlossenheit und der richtigen Motivation zu diesem heiligen Ort gekommen. Sie werden Ihr Verdienst mehren mit jedem Schritt, den Sie tun, mit jeder Handlung, die Sie ausführen. Die Hauptquelle des Segens bin nicht ich. Nicht der Dalai Lama. Die Hauptquellen sind die heilige Figur des Buddha und der heilige Grund, den so viele der größten spirituellen Meister besucht haben. Denken Sie also nicht, Sie seien umsonst hierher gekommen.

Normalerweise dürfen Sie das Mandala erst nach der Initiation sehen. Da ich sie jedoch nicht vornehmen kann, haben wir hier ein kleines Problem. Aber Sie sind voller Hingabe zu diesem heiligen Ort gekommen, und ich denke, dass es für Sie nützlich sein wird, das Mandala zu sehen.«

Der Dalai Lama hielt inne, um seine Gedanken zu sammeln.

»Seltsamerweise scheint es körperlich mit mir aufwärts zu gehen, während ich zu Ihnen spreche. Wenn sich mein Gesundheitszustand nicht verschlechtert, werde ich versuchen, Ihnen zwei Tage lang etwas Unterricht zu geben. Und am fünfzehnten Tag des Monats komme ich dann zum letzten Teil des Kalachakra-Rituals zurück – der lebenslangen Ermächtigung.«

Im Laufe des Tages kamen immer mehr Tibeter nach Bodh Gaya. Am Abend schien der Mahabodhi-Tempel zu brennen. Seine unzähligen Votivstupas und Türme mit ihren kunstvollen Reliefs waren von einer halben Million Kerzen erleuchtet, jede eine Opfergabe für die rasche Genesung des Dalai Lama. Zehntausende Pilger schoben sich bedächtig im Uhrzeigersinn um den Tempel herum. Aus der Ferne sah der von ihnen gebildete Kreis wie eine riesige, in einen außerirdischen Glanz getauchte Raumstation aus.

Am nächsten Tag ging ich wieder zur Kalachakra-Kapelle. Die Mönche aus dem Kloster des Dalai Lama rezitierten Gebete. Ein paar ihrer Brüder arbeiteten an dem bunten und sehr komplizierten Sandmandala und fügten ihm ein winziges Sandkorn nach dem anderen hinzu. Alles an diesem Mandala, das sorgfältig auf eine zwei Quadratmeter große Holzplattform gestreut wurde, war eine symbolische Repräsentation eines Aspekts der Kalachakra-Gottheit und des Universums dieser Gottheit. Auf einmal bemerkte ich, dass die Mönche aufgeregt waren und miteinander flüsterten. Sie hatten einen kleinen Fehler gemacht: Eine winzige Figur war an die falsche Stelle geraten. Nachdem ein Mönch sich vergewissert hatte, dass niemand ihn beobachtete, saugte er verstohlen die fehlplatzierten Körner mit einem Metallröhrchen heraus. Ich hatte bei der Konstruktion vieler Sandmandalas zugeschaut, aber zum ersten Mal erlebte ich mit, dass jemand einen Fehler gemacht hatte. Die Abwesenheit des Dalai Lama hatte eine spürbare Lethargie aufkommen lassen.

Mir fiel ein winziges Mikrofon ins Auge, das direkt an einem Balken über einem Fenster befestigt war und dessen Draht sich durch einen Spalt nach außen schlängelte. Ein

Mönch erzählte mir, der Draht sei an einen FM-Sender angeschlossen, über den der Dalai Lama von seinem Schlafzimmer aus mit den Mönchen in Kontakt stand. Obwohl er so geschwächt war, wollte der Dalai Lama seinen Beitrag zum Bau des Mandalas leisten. Wenn er schon nicht persönlich dabei sein konnte, dann wollte er es wenigstens im Geiste sein. Er wollte die Gebete der Mönche hören und – aus der Ferne – leise seine Gebete hinzufügen. Diese kollektive Energie, eine Lobrede auf den Weltfrieden, würde freigesetzt werden, wenn das Mandala rituell zerstört und sein Sand in eine Wasserquelle geschüttet wurde. Bis dahin würde sich der Dalai Lama zwingen, den sorgfältigen Vorbereitungen von seinem Krankenbett aus zu folgen. Als ich mir vorstellte, welche Kraftanstrengung er vollbrachte, um sich auf die Gebete der Mönche zu konzentrieren, war ich einmal mehr berührt von seiner Menschlichkeit.

15. Ein paar unsignierte Fotos

Die koreanische Leadtänzerin war in Trance. Sie hielt die Augen geschlossen; mit einem entrückten Lächeln warf sie wild den Kopf vor und zurück und zuckte im Rhythmus eines von ihren Mittänzerinnen geschlagenen Stakkatos. Sie waren zu sechst und trugen rosafarbene, seidene Hemdblusen und weiße, weite Hosen, ein paar von ihnen auch Hüte mit rosafarbenen und gelben Troddeln. Die Tänzerinnen gehörten zu der großen Gruppe koreanischer Buddhisten, die zur Kalachakra-Initiation nach Bodh Gaya gekommen war. Nach dem Morgenunterricht eines tibetischen Lamas hatten ein paar von ihnen beschlossen, den Mönchen ein wenig Unterhaltung zu bieten, um sie von der Ungewissheit über den Zustand des Dalai Lama abzulenken.

Eine alte tibetische Frau tauchte aus dem Nichts auf. Plötzlich war sie mitten unter den tanzenden Koreanerinnen. Sie begann, sich lässig zu bewegen. Sobald sie in den Rhythmus hineingefunden hatte, drehte sie voller Energie kraftvolle Pirouetten und schleuderte hingebungsvoll die Arme in die Luft. Sie zog einen langen blauen Schal heraus, den sie über ihrem Kopf schwenkte, eine perfekte Ergänzung zu ihrem fließenden tibetischen Kleid.

Die Mönche waren entzückt. Diese zarte, großmütterliche Tibeterin, deren weißes Haar zu einem Knoten gebunden war, zog Schritt für Schritt mit den viel jüngeren Koreanerinnen gleich. Die Mönche feuerten sie mit Rufen und Pfiffen an. Ein etwa sechs Jahre alter Novize kletterte auf die Schultern eines älteren Mönchs, um besser sehen zu können. Ein kräftiger indischer Polizist stand gebannt da und vergaß einen Moment, dass er die Menge im Zaum halten sollte. Die alte Frau, ein heiteres Lächeln auf dem Gesicht, schenkte den Umstehenden keinerlei Beachtung.

Eine ältere Frau aus dem Westen ging, über das ganze Gesicht grinsend und den Kopf schüttelnd, auf einen der Mönche zu. Als sie seine Aufmerksamkeit gewonnen hatte, machte sie das Daumen-hoch-Zeichen und ließ dann, um den Tanz der alten tibetischen Frau nachzuahmen, Arme und Schultern kreisen. Der Mönch lächelte gutmütig, klopfte ihr auf die Schulter und streckte ebenfalls den Daumen hoch.

Nach dieser Vorstellung ging ich zurück zu meinem Hotel. Ich setzte mich ins Foyer und las die aktuelle Ausgabe der *Times of India*. Ein paar Tage zuvor hatte sich der Karmapa Lama in diesem Hotel angemeldet, und im Foyer warteten viele Leute darauf, einen Blick auf das siebzehnjährige Oberhaupt der Kagyupa-Schule zu werfen. Der Teenager war vor Jahren seinen chinesischen Aufpassern in seinem Kloster in Tibet entkommen und hatte nachts zu Pferd den Himalaja überquert, um in der Nähe des Dalai Lama zu sein.

Alan King, ein Kanadier, der in den letzten zehn Jahren sieben Kalachakra-Initiationen fotografiert hatte, setzte sich neben mich und flüsterte: »Victor, da ist etwas, das will mir nicht gefallen. Tenzin Taklha hat dem Dalai Lama heute Morgen endlich meine beiden Fotos gebracht. Vor einer halben Stunde hat er sie mir zurückgegeben. Unsigniert.« King organisierte eine Ausstellung mit Kalachakra-Fotos im österreichischen Graz und brauchte Autogramme des Dalai Lama. Taklha hatte die Fotos tagelang in seiner Aktenmappe mit sich herumgetragen.

»Tenzin wurde nicht zum Dalai Lama vorgelassen?«, fragte ich.

»Doch. Er hat den Dalai Lama gesehen und ihm die

Fotos vorgelegt. Aber der Dalai Lama war zu schwach, um sie zu signieren.«

Ich war schon seit einigen Tagen über den Zustand des Dalai Lama beunruhigt. Als er auf dem Kalachakra-Gelände erschienen war, hatte er deutlich gesagt, er werde der Menge zwei Tage lang Unterricht erteilen, wenn er sich kräftig genug fühle. Das war nicht geschehen. Mehrere hohe Lamas hatten den Unterricht übernommen. Der letzte Tag der Kalachakra-Initiation, an dem die Menschenmenge für ein langes Leben des Dalai Lama beten würde, stand kurz bevor. Der Dalai Lama hatte versprochen, dabei zu sein, aber bislang gab es noch keine offizielle Bestätigung.

Seit meiner ersten Begegnung mit dem Dalai Lama waren drei Jahrzehnte vergangen. In den letzten Jahren waren wir zusammen geflogen, hatten uns Brot geteilt und die frühen Morgenstunden miteinander in seiner Residenz verbracht. Während der Arbeit an unserem Buch hatte er mit mir über seine Einsichten in Bezug auf Versöhnlichkeit, Mitgefühl und Leerheit gesprochen. Nach und nach war er mir ans Herz gewachsen. Mit der Zeit war er für mich eine Art Vaterfigur geworden. Und im Grunde meines Herzens wusste ich, dass auch ich ihm nicht gleichgültig war. Einmal hatte er mir einen Stuhl schicken lassen, auf dem ich während des Unterrichts sitzen konnte, weil er spürte, dass meine Beine nicht dazu geschaffen waren, im Lotussitz auf dem Boden zu hocken. Ich wusste, dass er Tenzin Geyche aufgefordert hatte, sich um mich zu kümmern und mich ab und zu zum Essen auszuführen, damit ich mich nicht vernachlässigt fühlte. Das rührte mich zutiefst, und daran wird auch die Tatsache, dass der Dalai Lama zu so vielen anderen Menschen eine tiefe Verbindung hat, zu vielen von ihnen seit der ersten Begegnung, niemals etwas ändern. Ich missgönne ihnen ihr Glück nicht. Es reicht mir, von Zeit zu Zeit seine große Warmherzigkeit spüren zu dürfen.

Es hatte mich tief erschüttert, ihn auf dem Kalachakra-Gelände so geschwächt zu sehen. Innerhalb von zehn Tagen war er um zehn Jahre gealtert. Und nun erzählte Alan King mir, der Dalai Lama sei zu schwach, um einen Stift in die Hand zu nehmen.

Ich verließ das Hotel Mahayana und ging zum nahe gelegenen Mahabodhi-Tempel. Dort begann ich, von einer großen Menge Pilger im Uhrzeigersinn vorwärts gedrängt und geschoben, mit der rituellen Umrundung des Turmes. An der Südseite des Tempelkomplexes brannten auf Steinaltären und jeder anderen verfügbaren Oberfläche abertausende von Kerzen und Fettlämpchen. Bei einem Aufseher kaufte ich ein kleines Päckchen Kerzen, zündete eine der Kerzen mit einem Zunder an, ließ Wachs auf den Steinsims tropfen und machte sie darauf fest. Dabei sprach ich ein stilles Gebet für den Dalai Lama. Dann zündete ich die übrigen Kerzen an.

Nachdem ich den Turm umrundet hatte, kehrte ich zum Hotel zurück. Kurz bevor ich es erreichte, lief mir Tenzin Taklha über den Weg, der in die entgegengesetzte Richtung unterwegs war. Ich freute mich, ihn zu sehen, denn ich wollte wissen, wie es dem Dalai Lama ging.

Tenzin verlangsamte den Schritt, blieb aber nicht stehen. »Ich kann jetzt nichts sagen«, erklärte er kurz angebunden. »Ich habe gerade mit dem Premierminister telefoniert. Wir werden den Dalai Lama gleich morgen früh von hier fortbringen.«

Völlig benommen betrat ich das Foyer des Hotels. Dort warteten noch immer viele Menschen auf den Karmapa Lama. Eine kleine Gruppe westlicher Besucher hockte auf Sofas ganz hinten im Foyer. Ein großer Amerikaner zeigte den anderen auf einem Laptop Schwarz-Weiß-Fotos von Osttibet. Irgendwer erzählte einen Witz, und alle lachten. Werner Herzog, der legendäre Filmemacher aus Deutschland, durchquerte das Foyer mit seiner Filmcrew und seiner jungen Frau. Er war hierher gekommen, um einen Dokumentarfilm über die Kalachakra-Initiation zu drehen.

Ich ging zurück auf mein Zimmer, zog die Vorhänge vor und legte mich hin. Ich hörte den Lärm der großen Menschenmenge auf den Straßen – Pilger, die zum Tempel strömten, Pilger, die den Tempel verließen und zu ihren Unterkünften zurückkehrten. Ich erwartete Senge Rabten, den obersten Leibwächter des Dalai Lama. Er kam jeden Tag um diese Zeit zu mir, um zu duschen, da es im Kloster Shechen kein warmes Wasser gab. Doch an diesem Tag tauchte Rabten nicht auf.

Es war früher Morgen in Bodh Gaya. Lange vor der geplanten Abreisezeit des Dalai Lama war ich zum Kloster Shechen gegangen. Die Nachricht, dass er in ein Privatkrankenhaus in Bombay (heute Mumbai) gebracht werden würde, hatte sich verbreitet, und die Straße, die zum Kloster führte, war völlig verstopft. Besorgnis lag in der Luft. Niemand wusste, wie krank der Dalai Lama wirklich war; es gab wenige Fakten, aber viele Gerüchte. Die Tatsache, dass er zum ersten Mal seit über drei Jahrzehnten in ein Krankenhaus eingewiesen werden sollte, erschütterte die tibetische Gemeinde zutiefst.

Hunderte von Polizisten und Soldaten waren damit beschäftigt, die große Menschenmenge vom Eingang fern zu halten. Als ich ins Kloster hineinging, war ich überrascht, dort die Königin von Bhutan zu sehen, die, unauffällig in ihrem gestreiften bhutanischen Kleid, verloren in der Menge stand. Einige Polizisten, die offensichtlich nicht wussten, wer sie war, drängten sie kurzerhand nach hinten.

Der Hof vor dem Tempel war ebenfalls voller Menschen. Der Bürgermeister der Stadt Gaya konferierte mit mehreren Polizeioffizieren. Etwas abseits standen die indischen Elitekommandos, die in ihren schwarzen Uniformen elegant und einschüchternd wirkten. Soldaten niederer Ränge in khakifarbenen Uniformen und mit blauen Mützen standen in kleinen Gruppen zusammen. Lhakdor war auch dort und wirkte in seiner kastanienbraunen Kutte fehl am Platz.

Ich zückte meinen Ausweis, der mich als zum engeren Kreis gehörend auswies, und betrat die Eingangshalle des Klosters, in der sich viele Menschen drängten. Ein Dutzend der bedeutendsten Lamas des tibetischen Buddhismus hatte sich in einem kleinen Sitzbereich auf Sofas niedergelassen. Unter ihnen waren drei Mönche aus Sri Lanka in orangefarbenen Gewändern, Verwalter des Mahabodhi-Tempels. Trulshik Rinpoche, der letzte noch lebende Tutor des Dalai Lama, kam die Treppe herunter. Der gebrechliche, sanftmütige Mönch hatte zweifellos vom Dalai Lama Abschied genommen.

Ich stellte mich an die Seite und wartete.

Schon bald sah ich, wie der Dalai Lama langsam die Treppe herabkam. Paljor-la, seit vielen Jahren sein treuer Diener, stützte ihn links, und Senge Rabten hatte die

Hände fest um den rechten Ellbogen des Dalai Lama gelegt. Der Dalai Lama sah erschöpft aus, aber weniger als beim letzten Mal, als ich ihn gesehen hatte. Offenbar hatte er in der Zwischenzeit jedoch an Gewicht verloren.

Als der tibetische Führer die Eingangshalle erreichte, ging er auf die wartenden Lamas zu. Wie üblich alberte er mit ihnen herum und zog sie auf. Er fuhr einem von ihnen mit der Hand über den Kopf und knuffte einen anderen in den Brustkorb. Selbst in seinem geschwächten Zustand wollte er ihnen ein gutes Gefühl vermitteln und ihren Schmerz lindern. Er wusste, dass seine Krankheit ihnen schwer zugesetzt hatte.

Als er auf den Eingang zuschlurfte, entdeckte der Dalai Lama mich, halb verborgen hinter einigen Wachen. Ein paar Herzschläge lang blieb er stehen und sah mich unverwandt an. Er lächelte nicht; er schaute mir einfach in die Augen. Ich spürte, dass ich errötete, und biss die Zähne zusammen. Der Dalai Lama kam zu mir und umarmte mich sanft. Tränen rollten mir die Wangen hinab und auf den Stoff seiner Gewänder. Er löste schließlich die Umarmung, sah mir noch einmal in die tränenfeuchten Augen und ging hinaus auf den Hof.

16. All die selbstsüchtigen Buddhas

Lhakdor saß steif auf dem Rand des Sofas. Der Mönch und Übersetzer war ungewöhnlich ruhig. Es war halb fünf am Morgen, vielleicht zu früh für ihn. Drolma, die deutsche Schäferhündin des Dalai Lama, lag zusammengerollt neben ihm. Es schien sie nicht zu kümmern, dass wir in ihren Wohnbereich eingedrungen waren. Ihre Futter- und Wasserschalen aus rostfreiem Edelstahl standen auf dem Boden neben dem Sofa.

Es war Ende März 2002, zweieinhalb Monate nachdem der Dalai Lama in Bodh Gaya so schlimm erkrankt war. Lhakdor und ich saßen im Wohnzimmer im Erdgeschoss der Privaträume des Dalai Lama in Dharamsala. Wir hatten gleich eine Verabredung mit dem tibetischen Führer. Zum ersten Mal, seit er krank geworden war, fühlte er sich kräftig genug, Besucher zu empfangen. Und zum zweiten Mal in drei Jahren hatte ich die seltene Ehre, den Dalai Lama bei seinem Morgenspaziergang zu begleiten. Ich würde mit eigenen Augen sehen, ob er wirklich wieder ganz gesund war.

Die Rattanmöbel und Läufer in diesem Wohnzimmer waren ohne jeden Schick und sahen ein bisschen verschlissen aus. An einer Wand hing ein Ölporträt des Dalai Lama, das allem Anschein nach vor Jahren gemalt worden war. Das Bild eines Endlosknotens, der in einem blauen New-Age-Äther schwebte, war an den Tisch gelehnt. Der Raum wurde offensichtlich selten genutzt. Aus welchem Grund hätte der Dalai Lama nach hier unten kommen sollen? Alles, was er brauchte – seinen Meditationsraum, sein Arbeitszimmer, sein Esszimmer –, befand sich in der zweiten Etage. Und er zog es fast immer vor, seine Besucher im Audienzgebäude seiner Residenz ein Stückchen weiter den Berg hinab zu empfangen.

Was mir an diesem Wohnzimmer auffiel, war seine bunkerartige Atmosphäre. Das Gebäude war eindeutig so entworfen, dass es Erdbeben standhalten konnte; vielleicht war es sogar erdbebensicher. Massive Betonbalken stützten das Erdgeschoss ab. Die niedrige Decke des Raumes betonte die klaustrophobische Atmosphäre.

Um 4.40 Uhr betrat ein tibetischer Leibwächter den Raum, um uns mitzuteilen, der Dalai Lama sei auf dem Weg nach unten. Wir verließen das Zimmer und eilten nach draußen. Der Duft exotischer Blumen hing schwer in der angenehm kühlen Nachtluft. Im Hof vor dem Wohngebäude des Dalai Lama war jedes freie Fleckchen voll gestopft mit Topfpflanzen, Unmengen an violetten und dunkelblauen Blüten, die sich von den längeren roten weiter hinten im Hof abhoben. Die gesamte zweistöckige Residenz war erleuchtet wie ein Schiff auf hoher See und tauchte das umliegende Gelände in Licht. Vor dem Eingang hielt sich ein halbes Dutzend tibetischer Leibwächter auf. Während in Dharamsala noch alle schliefen, war diese abgeschiedene Enklave erfüllt von ruhiger Aktivität.

Der Dalai Lama kam langsam die Außentreppe herab. Er trug seine Mönchskutte, jedoch nicht den äußeren Schal; seine Schultern und Arme waren bloß. Nachdem er Lhakdor zugenickt hatte, beugte er sich weit vor, um mich anzuschauen, richtete sich wieder auf, begrüßte mich – wie üblich auf Chinesisch – mit einem dröhnenden und herzlichen »*Ni hao?*« und ging dann schnellen Schrittes davon. Es war über zwei Monate her, seit ich ihn das letzte Mal gesehen hatte. Damals hatte er sich, als man ihn zu dem kleinen Flughafen von Gaya brachte, nur mit Mühe fortbewegen können. Auf dem Flughafen hatte ein Helikopter auf ihn gewartet, um ihn zu einem der besten Krankenhäuser Indiens zu bringen. An diesem Frühlingsmorgen wirkte er jedoch munter und vital, allerdings war er ein wenig hager. Er hatte sich zweifellos von der Krankheit erholt. Aus dem Nichts tauchten zwei indische Sicherheitsbeamte in khakifarbenen Uniformen und Windjacken auf und folgten ihm. Die tibetischen Leibwächter, Lhakdor und ich bildeten die Nachhut.

Bald ließen wir den Lichtschein der Residenz hinter uns. Wir gingen auf einem breiten Asphaltweg an einem Gewächshaus vorbei und gelangten dann in ein dunkles, dichtes Waldstück. Neben einem Betonunterstand wachte ein einsamer indischer Posten. Er trug einen kurzen Mantel, um sich vor der Kälte zu schützen, und hielt ein Gewehr an der Seite. Der Dalai Lama ging zu ihm, zog spielerisch an seinem Gewehr und sagte guten Morgen. Der Soldat schien an diese morgendliche »Zeremonie« gewöhnt zu sein. Er hielt die Augen auf einen Punkt vor sich gerichtet und sagte knapp: »Guten Morgen, Sir.«

Dann marschierten wir um den Fuß eines kleinen Hügels herum, dessen Gipfel Gebetsfahnen und ein weißer Stupa schmückten. Als wir uns dem Audienzgebäude näherten, wurde der Pfad schmaler. Hier war es stockdunkel. Ein Leibwächter war vorausgegangen und hatte seine kräftige Taschenlampe eingeschaltet, die den Pfad und die mit Bougainvilleen bewachsene Veranda beleuchtete. Der Dalai Lama umrundete eine kreisförmige Auffahrt und ging dann bergan zu seiner Privatkapelle. Von der anderen Seite des Gebäudes führte ein steiler Pfad durch ein dichtes Waldstück wieder nach unten und zurück zu seiner Residenz. Auf dem letzten Abschnitt verlangsamte der Dalai

Lama seinen Schritt. Im Schneckentempo ging es im trüben Licht den schwierigen Abhang hinab. Dann waren wir wieder an unserem Ausgangspunkt angelangt, und ich war angenehm überrascht, als sich der Dalai Lama zu einer weiteren Runde aufmachte. Als ich ihn vor zwei Jahren zuletzt bei einem dieser morgendlichen Ausflüge begleitet hatte, war er kaum weiter als bis zum Gewächshaus gekommen und dann wieder umgekehrt – er hatte also damals insgesamt eine Strecke zurückgelegt, die kaum größer war als die Breite eines Fußballplatzes. Seitdem hatte ich ihn immer wieder daran erinnert, wie wichtig Bewegung sei, und ich war hocherfreut, dass er meine Nörgelei ernst genommen hatte. An jenem Morgen schaffte der Dalai Lama drei Runden. Anschließend verabschiedete er sich von uns und ging nach oben, um zu duschen und zu frühstücken. Der Spaziergang hatte fast eine halbe Stunde gedauert, und trotz der kühlen Bergluft schwitzte ich.

Selbst im Halbdunkel der Morgendämmerung hatte ich erkennen können, dass der Dalai Lama abgenommen hatte. Kein Wunder, denn schließlich war er im Januar und Februar die meiste Zeit bettlägerig gewesen. In wenigen Stunden sollte ich das erste einer weiteren Reihe von Interviews mit ihm führen. Ich war gespannt, was er mir über seine Krankheit erzählen würde.

Als ich an jenem Nachmittag den Audienzsaal betrat, traf ich dort zu meiner freudigen Überraschung neben Lhakdor auch Ngari Rinpoche an. Der jüngste Bruder des Dalai Lama war nicht bei all meinen Interviews dabei, doch wenn er da war – normalerweise auf Bitte Seiner Heiligkeit hin –, schwand meine Nervosität dank seines ausgeprägten Humors bald dahin. Kurz danach traf der Dalai Lama ein, wie immer auf die Minute pünktlich. Er setzte sich in seinen Sessel und sah mich erwartungsvoll an.

»Wie fühlen Sie sich jetzt?«, begann ich.

»Gut. Das einzige Problem sind die Blähungen«, antwortete er.

»Aufblähung des Abdomens, viel Luft«, führte Ngari Rinpoche weiter aus.

»Wenn die Blähungen stärker werden, tut es manchmal ein bisschen weh. Aber Spazierengehen ist kein Problem«, sagte der Dalai Lama. Mir fiel auf, dass er ganz vorn auf dem Sesselrand saß und sich nicht wie üblich zurücklehnte. Und sein Englisch war merklich abgehackter als sonst.

Ich wollte vor allem wissen, was mit dem Dalai Lama nach unserer Pilgerfahrt zu den Ruinen von Nalanda und zum Vultures' Peak geschehen war. Er erzählte mir, er habe, schon lange bevor die Wagenkolonne Patna erreichte, akute Bauchschmerzen gehabt.

Vor diesem Interview hatte ich mit dem indischen Verbindungsoffizier gesprochen, den man mit der Koordinierung der Sicherheitsmaßnahmen betraut hatte. Ich wollte von ihm Näheres über die Fahrt von Nalanda nach Patna erfahren. Der Offizier hatte den Dalai Lama während vieler seiner Reisen in Indien begleitet, ihn aber noch nie solche Qualen erleiden sehen. Leichten Durchfall oder eine Erkältung, ja. Aber so etwas noch nie. Der Dalai Lama krümmte sich vor Schmerzen wie ein kranker Hund, und Patna war noch eine Autostunde entfernt. Der Offizier verständigte sich über Funk mit dem Führungsfahrzeug der Polizeieskorte und informierte den Fahrer über das

Problem. Die Wagenkolonne beschleunigte, Sirenen heulten auf, und Lichter blinkten. Personen- und Lastwagen fuhren an den Straßenrand, um die Wagenkolonne vorbeizulassen. Durch die erhöhte Geschwindigkeit spürte man einige der Schlaglöcher nicht so stark, sodass sich der Dalai Lama ein klein wenig besser zu fühlen schien.

Als man den Stadtrand von Patna erreichte, kam der Konvoi jedoch nur noch im Schritttempo voran. Die Straßen waren vom Feierabendverkehr verstopft, und der Lärm war entsetzlich. Jeder Fahrer drückte, wie es dem Dalai Lama erschien, auf die Hupe. Trotz der Polizeieskorte konnte der Konvoi nun nicht mehr schneller fahren. Er war eingezwängt zwischen mehreren Diesel ausstoßenden Bussen und hin und her flitzenden dreirädrigen Autos. Da der Wagen häufig stehen blieb und wieder anfuhr, wurde dem Dalai Lama übel. Er schaffte es irgendwie, sich so hinzusetzen, dass die Übelkeit nachließ, wenn er aus dem Fenster schauen konnte.

In diesem Moment sah er am Straßenrand einen alten Mann und einen Jungen.

»Ich hatte starke Schmerzen; sehr, sehr starke Schmerzen«, beschrieb der Dalai Lama mir die Szene bei unserem Interview im Audienzsaal. Ngari Rinpoche hing an seinen Lippen; er hatte diese Einzelheiten noch nicht gehört. »Dann all diese Flüssigkeit… Wasser… Schweiß. Und mir fiel auf: Das Wasser aus den Augen hat viel mit Gefühlen zu tun; das Wasser aus dem Körper mit körperlichem Schmerz. Bei starken körperlichen Schmerzen kommt also kein Wasser aus den Augen, sondern nur aus dem Körper. Was der Unterschied ist, wie das zusammenhängt, weiß ich nicht. Dann sah ich einen alten Menschen mit langem, ungekämmtem Haar.« Der Dalai Lama fuhr sich mit der rechten Hand über den Kopf. Dann spreizte er Daumen und kleinen Finger weit auseinander, um mir eine Vorstellung davon zu geben, wie lang die Haare des alten Mannes gewesen waren. »Und sein Bart war völlig ungepflegt. Und seine Kleider von oben bis unten verstaubt und schmutzig.« Man sah es seinem Gesicht an, wie aufwühlend für ihn diese Erinnerung war.

»Und dann die vielen armen Kinder. Sie erhalten keine Schulbildung und leben am Straßenrand. Mir fiel eines auf, das etwa so groß war.« Der Dalai Lama streckte den Arm aus, um eine Höhe von einem Meter zwanzig anzuzeigen. Dann griff er nach unten und berührte mit beiden Händen seine Schienbeine. »Der Junge hatte Kinderlähmung und an beiden Beinen Schienen. Und er benutzte Krücken. Während ich also diese Schmerzen hatte, sah ich das Bild dieser armen Leute vor mir. Niemand kümmerte sich um sie, während ich gut umsorgt wurde.«

Der Dalai Lama schloss die Augen und schwieg. »Obwohl ich Schmerzen hatte«, fuhr er schließlich fort, »verspürte ich keine Angst, sondern war ganz ruhig. Es war alles nur ein wenig unangenehm. Woher kam dieses Gefühl der Ruhe? Ich habe körperliche Schmerzen, bin aber mit meinen Gedanken die ganze Zeit über bei diesen Menschen, um die sich keiner kümmert. Deswegen mache ich mir keine großen Sorgen um meine Schmerzen. Die Besorgnis um andere scheint meinen eigenen Schmerz zu lindern. Die Erfahrung, Mitgefühl zu empfinden, ist für einen selbst sehr förderlich, aber nicht unbedingt für die anderen. Ich dachte über den schlimmen Zustand des alten Mannes nach, über den Jungen mit der Kinderlähmung. Meine

Sorge um diese Menschen hatte zur Folge, dass ich meine körperlichen Schmerzen nicht mehr so stark empfand. Das war sehr gut.«

»Ist es das, was Sie im Sinn haben«, fragte ich den Dalai Lama, »wenn Sie in Ihren Lehrstunden sagen, dass die Buddhas und Bodhisattvas der Welt die selbstsüchtigsten Wesen sind, die es gibt? Dass sie, indem sie Nächstenliebe kultivieren, in Wirklichkeit für sich selbst das höchste Glück erreichen?«

»Ja. Das ist weise Selbstsüchtigkeit«, antwortete er. »Anderen zu helfen heißt nicht, dass wir dies auf unsere Kosten tun. So funktioniert das nicht. Buddhas und Bodhisattvas sind sehr weise Menschen. Ihr Leben lang streben sie nur nach einem: dem höchsten Glück. Wie tun sie das? Indem sie Mitgefühl entwickeln, indem sie Nächstenliebe entwickeln. Wenn sie sich um andere sorgen, profitieren sie als Erste davon – sie sind die Ersten, die das größtmögliche Glück erfahren. Sie wissen, dass der beste Weg, ein glückliches Leben zu führen, der ist, anderen zu helfen. Das ist echte Weisheit. Sie denken nicht: ›Oh, ich bin am wichtigsten, andere Menschen sind nicht so wichtig.‹ Das tun sie nicht. Sie betrachten ganz bewusst das Wohlergehen anderer als das Wichtigste. Aber in Wirklichkeit ziehen sie selbst den größten Nutzen daraus.«

Dem Dalai Lama kam ein Gedanke. Er wandte sich an Ngari Rinpoche und sagte auf Englisch: »Ich glaube, ein Koch…« Er verfiel ins Tibetische. Sein jüngster Bruder übersetzte. »Ein Koch, der für andere kocht, ist, obwohl er nicht die Absicht hat, für sich selbst zu kochen, immer gut genährt.«

»Viele Köche sind sehr dick, ist mir aufgefallen«, fügte

der Dalai Lama hinzu. Er und sein Bruder amüsierten sich köstlich darüber.

»Sind Ihre Schmerzen also tatsächlich verschwunden, als Sie diese armen Leute in Patna sahen?«, wollte ich wissen.

»Nein, ich glaube nicht«, sagte der Dalai Lama. »Aber diese Bilder der Armut und Hilflosigkeit, sie waren sehr scharf, sehr einprägsam. Selbst als ich in Patna in meinem Hotelbett lag und Schmerzen hatte, sah ich nur diese beiden Menschen vor mir. Hungrig, durstig. Und immer wieder fragte ich mich: ›Was können wir tun, was können wir tun?‹ Deswegen empfand ich meine Schmerzen nicht mehr so intensiv. Man könnte sagen, ich war überwältigt von großer Sorge.«

17. Die Kälte von Blaubeeren

Seit ich Bodh Gaya verlassen hatte, quälte mich eine brennende Frage: Wie hatte es dazu kommen können, dass sich die Magenschmerzen des Dalai Lama derart verschlimmerten, dass man ihn schleunigst in ein Spezialkrankenhaus in Bombay bringen musste? Ich wollte mit dem Dalai Lama die Ursachen seiner Krankheit ergründen.

»Ist Ihnen nicht wohl gewesen, als Sie den steilen Berg zum Vultures' Peak hinaufstiegen?«, fragte ich. Ngari Rinpoche rückte mit seinem Stuhl ein wenig näher zu seinem Bruder hin. Er war nicht mit dabei gewesen und wollte gerne wissen, was geschehen war, bevor die Schmerzen auftraten.

»Nein«, antwortete der Dalai Lama. »Es ging mir an diesem Morgen nicht schlecht. Überhaupt nicht. Ich habe mich sehr frisch gefühlt. Aber irgendetwas muss ich wohl schon gehabt haben.«

»Haben Sie im japanischen Hotel in Rajgir etwas Schlechtes gegessen?«

»Ich glaube nicht.«

»Aber nach dem Mittagessen in diesem Hotel hatten Sie Durchfall?«

»Ruhr.«

»Dr. Tseten hat mir gesagt, in Ihrem Magen seien Amöben gewesen. Sie müssen von schlechtem Essen oder unsauberem Wasser hergerührt haben.«

»Ich weiß nicht«, antwortete der Dalai Lama. »Ich weiß nicht, wie lange die Amöben schon in meinem Magen waren. Nicht unbedingt erst seit diesem Tag… Es gibt viele Ursachen. Eine davon, die unmittelbare Ursache, ist Nachlässigkeit.«

»Nachlässigkeit?«

»Ja, Nachlässigkeit. Da ich im Allgemeinen körperlich fit bin, dachte ich…« Der Dalai Lama sah zu Lhakdor hinüber und wechselte ins Tibetische.

»Seine Heiligkeit fühlte sich sehr gesund. Deswegen hat er sich nie geschont, hat zu viel gearbeitet, ist zu viel gereist«, übersetzte Lhakdor.

»Zu unvorsichtig«, erklärte der Dalai Lama.

Die Menschen, die eng mit dem Dalai Lama zusammenarbeiten, würden diese Ansicht aus vollem Herzen teilen. Er hat einen Termin nach dem anderen, vor allem wenn er unterwegs ist. Ich bin oft genug mit ihm gereist, um ein Lied davon singen zu können. Ich bin zehn Jahre jünger als er. Aber seine Energie und sein Durchhaltevermögen beschämen mich. Mit ihm mitzuhalten ist ganz sicher kein Pappenstiel.

»Als wir dann morgens zum Vultures' Peak hinaufgingen, habe ich stark geschwitzt«, fuhr der Dalai Lama fort. »Auf dem Gipfel war es ein bisschen kalt. Beim Runtergehen habe ich wieder geschwitzt. Mittags habe ich die Kleidung abgelegt. Nach dem Mittagessen habe ich Wasser mit frischem Zitronensaft getrunken – normalerweise vertrage ich das gut, aber an diesem Tag, an dem sowieso schon etwas nicht in Ordnung war, war das sicher nicht richtig.

Eine weitere Ursache und sicher wichtiger: Bevor ich zu meiner Pilgerfahrt zum Vultures' Peak und nach Nalanda aufbrach, war ich in Südindien zu Unterweisungen. Während meines Aufenthalts dort begann ich mit der Einnahme eines tibetischen Heilmittels für die Leber und die Augen. Es ist ein Kälte-Heilmittel – es führt dem Körper Kälte zu. Vor rund dreißig Jahren nahm ich das gleiche Mittel gegen Leberprobleme und bekam sofort leichte Magenschmerzen. Ich setzte das Mittel ab und nahm eines, das Hitze erzeugt. Der Schmerz verschwand völlig. Dieses Mal war der Schmerz genau an der gleichen Stelle. Also zu viel Kälte.«

Zu viel Kälte. Das sagte meine Mutter jedes Mal, wenn ich krank war, ganz egal, welche Symptome ich hatte. Das Problem waren immer »kalte Gase«. Sie schleppte mich per Straßenbahn über die Hongkong-Insel zum Westpoint, wo wir eine steile, schmale, mit unebenen Steinstufen versehene Gasse zu einem Heilkundigen hinaufgingen. Das Geschäft war schwach beleuchtet, und die Wände waren gesäumt von unzähligen, mit Kräutern gefüllten Schubladen aus Rosenholz. Der Heilkundige maß meinen Puls, sah sich meine Zunge an, schrieb mit Feder und Tinte ein Rezept aus und wog Kräuter aus den Schubladen ab. Wenn wir dann wieder zu Hause waren, ließ meine Mutter die Kräuter ein paar Stunden lang einkochen, bis die Brühe völlig schwarz war. Die Medizin war zwar bitter, aber nicht ungenießbar. Ich musste das ganze Zeugs auf einmal trinken, solange es noch richtig heiß war. Normalerweise ging es mir schon bald besser – wahrscheinlich trotz der Medizin, wie ich mir gerne sagte.

»Wie die chinesische Medizin und der indische Ayurveda teilt die tibetische Medizin Krankheiten normalerweise in Heiß und Kalt ein«, erklärte mir der Dalai Lama. »Die meisten Krankheiten des Unterkörpers sind mit zu viel Kälte verbunden. Leberprobleme und Kopfschmerzen hingegen bedeuten zu viel Hitze. In Südindien nahm ich also drei Wochen lang jeden Morgen dieses Heilmittel, das mehr Kälte in meinem Körper erzeugte. Hin und wieder verspürte ich bereits leichte Schmerzen. Während der Pilgerfahrt passierten dann ein paar Dinge, welche die Krankheit ausbrechen ließen.

Es gibt noch eine Ursache«, fuhr er fort. »Als ich letzten Mai in Amerika war, war mein Verdauungssystem völlig in Ordnung, ausgezeichnet. Und ich trank zum Frühstück viel kalte Milch. In Salt Lake City erzählte mir dann eine Frau, Blaubeeren seien sehr gut für die Augen. Amerikanische Air-Force-Piloten würden normalerweise sehr viel Blaubeermarmelade essen. Also aß ich ein paar Blaubeeren, die sehr gut schmeckten. Und ich aß jeden Tag mehr davon. Die Blaubeeren griffen mein Verdauungssystem an – zu viel Kälte.«

Der Dalai Lama wandte sich kurz an Lhakdor. »Damit scheint alles angefangen zu haben«, übersetzte Lhakdor, »mit der Kälte der Blaubeeren.«

Die Kälte der Blaubeeren hatte also die Krise heraufbeschworen. Es war nicht ganz die Antwort, die ich erwartet hatte. Aber ich hatte mich ja mit der Tatsache abgefunden, dass der Dalai Lama nicht so ist wie Sie und ich. Er betrachtet die ihn umgebende Welt mit ganz anderen Augen. Ich wollte noch mehr über seine Krankheit wissen.

»Was geschah, als Sie in Bodh Gaya waren?«, fragte ich. »Nachdem Sie aus Patna zurückgekommen waren?«

»In Shechen besserte sich mein Zustand während der ersten vier, fünf Tage kaum. Deswegen dachte ich: Wenn wir mit der Kalachakra-Initiation beginnen, sie dann aber nicht zu Ende führen können, ist das viel schlimmer, als sie ausfallen zu lassen, sie zu verschieben. Dann fasste ich einen Entschluss. Am Anfang hoffte ich noch, drei Tage lang Unterricht erteilen zu können. Aber das war mir nicht möglich. Dann bemerkte Dr. Tseten eines Morgens, dass diese Seite des Körpers geschwollen war«, sagte der Dalai Lama und tätschelte die linke Seite seines Unterleibs.

»Er schlug vor, Seine Heiligkeit noch am selben Tag ins Krankenhaus zu bringen«, ergänzte Lhakdor.

»Deswegen mussten Sie die Gebete für ein langes Leben am letzten Tag der Kalachakra-Initiation absagen?«, fragte ich.

»Ja«, sagte der Dalai Lama. »An diesem Tag ließ sich die Reise jedoch nicht mehr arrangieren. Wir versuchten dann herauszufinden, ob es möglich sei, am nächsten Tag nach Bombay zu gelangen, und nahmen Kontakt mit Delhi auf. Die Regionalregierung erklärte sich bereit, einen Hubschrauber nach Patna zur Verfügung zu stellen; die Zentralregierung arrangierte einen Sonderflug von dort nach Bombay. In Bombay brachte man mich direkt vom Flughafen ins Krankenhaus.«

»Als Seine Heiligkeit das Krankenhaus betrat«, erzählte mir Ngari Rinpoche unaufgefordert, »sah er als Erstes die Infusionsflasche und die große Nadel. Er fühlte sich unbehaglich. Er hatte ein bisschen Angst.« Ngari Rinpoche war zwar in erster Linie da, um Lhakdor mit der Übersetzung zu helfen, aber ich konnte mich immer darauf verlassen, dass er ein paar interessante Details beisteuerte.

»Aber ich hatte keine Wahl, ich musste die Infusion über mich ergehen lassen«, sagte der Dalai Lama und zog bei der Erinnerung daran eine leichte Grimasse.

»Welche Tests wurden im Krankenhaus durchgeführt?«, fragte ich.

»Sie haben alles untersucht. Den Magen und natürlich

den Darm. Aber auch Herz, Leber, Blut. Es war alles in Ordnung. Kein Krebs.«

»Aber woher kam dann die Schwellung?«, fragte ich.

»Das haben sie nicht herausfinden können. Obwohl mir ein Spezialist gesagt hat…« Der Dalai Lama verfiel wieder ins Tibetische.

»Nachdem der Spezialist Seine Heiligkeit untersucht hatte«, übersetzte Ngari Rinpoche, »sagte er, alles sei völlig in Ordnung, kein Anzeichen für Krebs. Dann erwähnte er, es sei eine sehr schwere Krankheit gewesen. Seine Heiligkeit hätte daran sterben können. Es habe eine winzige Perforation des Darms gegeben. Wäre sie größer gewesen, hätte er daran sterben können.«

Ich blickte zum Dalai Lama hinüber, auf dessen Gesicht sich der Anflug eines Lächelns zeigte. Es war, als amüsiere er sich insgeheim darüber, dass er hätte sterben können.

Ein paar Mönche mit Tabletts in den Händen betraten den Audienzraum. Einer von ihnen stellte vorsichtig eine abgedeckte Tasse mit heißem Wasser neben den Dalai Lama, ein anderer setzte ein Tablett mit einem Glas Nescafé, einigen Teebeuteln und einer Thermosflasche mit heißem Wasser auf den niedrigen Tisch neben mir. So leise, wie sie gekommen waren, verließen sie wieder den Raum. Ngari Rinpoche stand auf, kam zu mir herüber und flüsterte mir ins Ohr: »Möchten Sie Kaffee oder Tee?«

Ich hielt den Blick auf den Dalai Lama gerichtet. »Kaffee, bitte.« Ich nahm vage wahr, dass Rinpoche einen gehäuften Teelöffel Nescafé in eine Tasse gab und dann heißes Wasser darüber goss. Er beugte sich zu mir und flüsterte erneut in mein Ohr: »Milch? Zucker?«

»Äh, ja, danke«, antwortete ich automatisch. Als ich die

Blätter mit meinen Fragen überflog, geriet ich leicht in Panik: Ich hatte die Stelle verloren, wo meine letzte Frage stand, und keine Ahnung, was ich als Nächstes fragen sollte. Kaffee war mir normalerweise sehr willkommen: Nach der Hälfte eines mindestens zweistündigen Interviews ließ meine Energie immer nach. Aber manchmal brachte die Unterbrechung mich auch völlig aus dem Konzept.

Dann fiel mir etwas ein, was Dr. Tseten einmal in einem Gespräch erwähnt hatte.

»Dr. Tseten hat mir erzählt, die indischen Ärzte in Bombay hätten gesagt, Ihr Herz sei wie das eines Zwanzigjährigen«, sagte ich zum Dalai Lama.

»Ja, das stimmt«, antwortete er. »Das haben mir die Ärzte in Bombay nach dem EKG gesagt. Und der Arzt in Patna, der mich untersuchte, hat genau das Gleiche gesagt.«

»Was glauben Sie, woran das liegt?«, fragte ich und trank gierig meinen Nescafé.

»Ich glaube, Seelenfrieden«, sagte der Dalai Lama, ohne zu zögern.

»Ihr Herz ist wie das eines Zwanzigjährigen, weil Sie Seelenfrieden empfinden?«

»Ja«, erwiderte der Dalai Lama mit Nachdruck. »Ansonsten ist an mir nichts Besonderes. Ich mache keine speziellen Übungen.«

Ein fast siebenundsechzigjähriger Mann mit dem Herzen eines Zwanzigjährigen. Der Dalai Lama zweifelt nicht daran, dass der Geist den Körper zu heilen vermag. Für ihn bilden Körper und Geist ein untrennbares Ganzes. Wenn dem einen etwas geschieht, ist der andere davon betroffen – die Interdependenz aller Dinge ist seit einem halben Jahrhundert das Mantra des Dalai Lama. Heutzutage kommen selbst Schulmediziner und Forscher zum selben Schluss. Eine Erkrankung der Niere kann Auswirkungen auf das Gehirn haben. Und Depressionen gelten nun als wesentlicher Risikofaktor für Herzkrankheiten – möglicherweise sind sie sogar genauso gefährlich wie ein zu hoher Cholesterinspiegel. Schließlich haben Körper und Geist die gleichen Bausteine – Blut, Nerven, Hormone, Antikörper.

Der Dalai Lama formulierte es folgendermaßen: »Wenn wir unseren Geist trainieren, stärken wir positive Gefühle wie Versöhnlichkeit, Mitgefühl und die Sorge um das Wohlergehen anderer. Negative Gefühle wie Hass und Eifersucht sind unsere Feinde. Diese negativen Gefühle können wir durch Training auf ein Minimum reduzieren. Dieses Training des Geistes ist einigen Wissenschaftlern zufolge sehr wichtig für unsere Gesundheit.

Nehmen wir die Versöhnlichkeit. Hier gibt es zwei Ebenen. Die erste Ebene: Versöhnlichkeit heißt, dass wir keine Rachegefühle entwickeln sollten. Da Rache dem anderen Menschen schadet, ist sie eine Form der Gewalt. Gewalt erzeugt in der Regel Gegengewalt. Das führt zu weiterer Gewalt – das Problem bleibt dauerhaft bestehen. Das ist die eine Ebene. Nun zur zweiten Ebene: Versöhnlichkeit bedeutet, dass wir keine Wut auf unseren Feind entwickeln sollten. Wut löst das Problem nicht. Wut führt nur dazu, dass wir uns selbst unbehaglich fühlen. Wut zerstört den eigenen Seelenfrieden. Solange wir wütend sind, stellen sich keine positiven Gefühle ein. Ich denke, das ist der Hauptgrund, warum wir vergeben sollten. Innere Ruhe, Seelenfrieden, sorgt dafür, dass unser Körper gesünder ist. Ein aufgewühlter Geist beeinträchtigt unsere Gesundheit, ist sehr schädlich für unseren Körper. Das ist meine Meinung.«

Ich fragte den Dalai Lama, ob seine Krankheit seiner Meinung nach etwas Positives bewirkt habe. Die Tibeter überall auf der Welt hatten sich große Sorgen um ihn gemacht. Während er im Kloster Shechen das Krankenbett gehütet hatte, waren hunderttausende von Pilgern trotz winterlicher Temperaturen die ganze Nacht draußen geblieben und hatten für ihn gebetet.

Der Dalai Lama zog es vor, auf Tibetisch zu antworten. Lhakdor übersetzte: »Seine Heiligkeit sagt, seine Krankheit habe dazu angeregt, gute Taten zu vollbringen, spirituellen Aktivitäten nachzugehen.«

Ich verstand die Sache nicht ganz.

»Wenn alles normal läuft«, erklärte der Dalai Lama, »nehmen wir unsere Gebete, auch wenn wir viel beten, vielleicht nicht besonders ernst. Aber da ich krank war, war jedes Gebet ernst gemeint. Wir alle haben unsere Gebete sehr ernst genommen. Auf diese Weise hatte die Sache einige positive Auswirkungen.«

»Die Krankheit war wie ein Katalysator, der uns dazu brachte, spiritueller zu sein«, fasste Ngari Rinpoche zusammen.

Für den Dalai Lama sind Leiden und Unglück notwendige Voraussetzungen für die Entwicklung von Geduld und Toleranz. Wenn alles gut läuft, besteht weniger Notwendigkeit, geduldig und versöhnlich zu sein. Erst wenn wir mit Problemen konfrontiert werden, wenn wir leiden, lernen wir diese Tugenden wirklich. Sobald wir sie verinnerlicht haben, stellt sich das Mitgefühl von selbst ein.

»Waren Sie traurig, als ich abreiste?«, fragte der Dalai Lama mich unerwartet.

»Ich war traurig, ja«, antwortete ich.

»Haben Sie gedacht, Seine Heiligkeit würde es nicht schaffen?«, wollte Ngari Rinpoche wissen.

»Nein, nein. Ich war zuversichtlich. Irgendwie wusste ich, dass er gesund werden würde«, antwortete ich. »Ich war traurig, weil er so schwach wirkte. So verletzlich. Noch nie hatte er so schwach ausgesehen. Ich war bestürzt; so viele Leute waren bestürzt. Und noch etwas. Er umarmte mich, bevor er das Kloster Shechen verließ. Das hat mich sehr gerührt. Obwohl er große Schmerzen hatte und sich kaum auf den Beinen halten konnte, wollte er mich trösten, mich aufmuntern. Krank, wie er war, hat er es trotzdem geschafft, nach mir Ausschau zu halten. Wie immer war ihm das Wohlergehen anderer wichtiger als sein eigenes.«

18. Meditation zu BBC-Nachrichten

Ich stand neben dem Dalai Lama auf dem Dach seines Hauses. Von dort aus hat man einen Panoramablick auf den Südrand des Himalaja. Ich konnte drei Bergkämme erkennen, die von Nebelschleiern umhüllt waren und vom 4350 Meter hohen Indrahar-Pass sanft ins weite grüne Kangra-Tal abfielen. Weiter in der Ferne lag der um einiges höhere und leicht mit Schnee bedeckte Kamm der Dhaola-Dar-Kette. Auf einem nahen Hang entdeckte ich einige kleine graue Kleckse – Dörfer, die auf winzigen Plateaus lagen. Nicht weit entfernt davon sah man die Spuren eines Erdrutsches. Weiter unten schlängelte sich das silberne Band eines Flusses durch das Tal, mäanderte zwischen winzigen funkelnden Lichtern.

Der Dalai Lama, der in der linken Hand seine Gebetsperlen hielt, zeigte auf eine Ansammlung beleuchteter Häuser und sagte: »Die Lichter im Dorf sind immer noch an.« Er bedeutete mir, näher zu kommen, damit ich dem Verlauf des Tales folgen konnte, das vom Sattel des Triund zu den Ebenen mit den schimmernden Siedlungen hin abfiel.

Es war fünf Uhr morgens an einem Sonntag vor der Monsunzeit. Der Dalai Lama war für diese Tageszeit sehr spärlich bekleidet. Er trug nicht die übliche Mönchskutte, sondern ein ärmelloses Hemd in einem hellen Orange und mit hohem Mandarinkragen. Der satinartige Stoff schimmerte im frühen Morgenlicht. Er hatte sich einen knöchellangen, rostfarbenen Sarong um den Körper geschlungen und seinen kastanienbraunen Schal um die Taille gebunden. Diese Kleidung hatte ich noch nie bei ihm gesehen. Vermutlich trug er sie von Zeit zu Zeit während seiner Morgenroutine in der Residenz.

Es war das erste Mal, dass der Dalai Lama mich auf sein Dach eingeladen hatte. Erst vor kurzem waren hier ein Betonsteg und eine Aussichtsplattform gebaut worden. Unter uns lag auf einer Anhöhe der gepflegte Garten seiner Residenz mit vielen stattlichen Zedern, Pinien und Rhododendren.

Wir blieben nicht lange auf dem Dach. Nach etwa fünf Minuten gingen wir wieder hinunter in das geräumige Wohnzimmer im zweiten Stock und in den Meditationsraum. Der Dalai Lama zog seine Schuhe aus, tappte hinüber zur Meditationsnische und ließ sich im Lotussitz hinter seinem Schreibtisch nieder.

Und schon kam Paljor-la mit einem Frühstückstablett herein, das er neben dem Dalai Lama auf den Boden stellte. Auf dem Tablett standen mehrere Thermosflaschen, eine große Glasschale mit Haferbrei, ein Teller mit dicken Scheiben Toastbrot sowie Butter und Marmelade.

Der Dalai Lama drapierte eine Stoffserviette über seinen Schoß und griff nach der großen Schale mit Haferbrei. Er hielt sie in der linken Hand und nahm mit der rechten einen Löffel voll. Einige Augenblicke lang hielt er den Löffel nah an die Lippen und starrte in die Ferne. Dann begann er mit seinem Frühstück. Während er aß, las er in einem Manuskript, das aus einem zirka zwölf Zentimeter dicken Stapel loser Blätter bestand – religiöse tibetische Texte –, die ordentlich auf dem Schreibtisch vor ihm lagen.

Dann nahm der Dalai Lama ein Stück getoastetes tibetisches Brot, das morgens in der Küche gebacken worden war, und verteilte darauf gleichmäßig Erdbeermarmelade. Er strich Butter über die Marmelade, bevor er in das knusprige Brot biss. Zum Frühstück nimmt der Dalai Lama eine große Schale mit Haferbrei und zwei dicke Scheiben Toast zu sich und trinkt mindestens zwei Becher Tee mit Milch. Während er aß, konzentrierte er sich aufs Lesen und machte keinerlei Anstalten, sich mit mir zu unterhalten.

Der Dalai Lama isst gerne allein. Wenn er ins Ausland reist, wird er ständig zum Frühstück oder zum Mittagessen eingeladen. Tenzin Geyche Tethong, sein Privatsekretär, tut sein Bestes, um die meisten Einladungen auszuschlagen. Wenn es sich nicht verhindern lässt, dass er bei den Mahlzeiten Gesellschaft hat, wehrt er jede Unterhaltung ab, solange er isst.

Um 5.30 Uhr erhob sich der Dalai Lama und gab mir ein Zeichen, ihm zu folgen. Er ging in sein Badezimmer. Eine Wand wurde vollständig von einem Fenster eingenommen. Er zog die Gardinen zurück, um den Blick auf die mystische Erhabenheit der Bergrücken freizugeben. Auf einem niedrigen Tisch neben der Toilette lag ein Stapel mit *Far Eastern Economic Reviews*. Der Dalai Lama drehte den Wasserhahn auf und begann, sich die Zähne zu putzen.

Während meiner Reisen mit ihm ist mir aufgefallen, dass er sich fast nach jeder Mahlzeit die Zähne putzt. Einmal hatten der Rektor und der Lehrkörper der Universität Tromsø in Norwegen ihm zu Ehren ein Essen ausgerichtet. Nach dem Essen fischte der Dalai Lama eine scharlachrote Zahnbürste und eine kleine Tube Colgate aus seiner Tasche und hielt sie, wie ein Fischer, der triumphierend mit einem erstklassigen Fang protzt, in die Höhe, damit seine Gastgeber sie bewundern konnten. Dann machte er sich, die Zahnputzutensilien noch immer in die Höhe haltend, zum großen Vergnügen der rund sechzig Gäste zum Waschraum auf.

Zurückgekehrt in seinen Meditationsraum, schlang sich

der Dalai Lama seinen Schal um die Taille und ließ sich auf dem Kissen nieder. Es war Zeit für die Morgenmeditation. Doch bevor er damit begann, informierte er mich über sein Tagesprogramm.

»Nach meiner Meditation«, sagte er, »gegen acht, werde ich mich wohl zu speziellen Gebeten und Meditationen zurückziehen. Das dauert etwa anderthalb Stunden; Sie können dableiben. Dann lese ich vielleicht. Sitze dort oder hier«, er deutete durch die geöffnete Tür auf das Wohnzimmer. »Gegen halb zwölf essen wir hier zu Mittag. Der Nachmittag ist frei. Frei bedeutet Lesen. Heute ist Sonntag, da habe ich nichts Bestimmtes zu tun. Normalerweise wechsle ich die Uhrarmbänder…« Der Dalai Lama fing an zu kichern, während er mit seiner Uhr herumhantierte. »Aber heute werde ich wohl nicht arbeiten. Am Abend, gegen fünf, nehme ich ein Bad. Nach dem Baden sitze ich hier mit einem Handtuch – wie die Leute in Neuguinea, nackt.« Bei dieser Vorstellung lachte er lauthals los. »Um halb sechs, zwanzig vor sechs trinke ich meinen Abendtee. Dann werden wir uns verabschieden.«

Zum ersten Mal, seit ich ihn kannte, hatte der Dalai Lama mich eingeladen, den Großteil eines Tages mit ihm in seinen Privaträumen zu verbringen.

Er wickelte seinen Schal ab und schlang ihn sich fest um den Unterleib. Dann legte er die Gebetsperlen auf seinen Schoß, steckte seine Gewänder unter die gekreuzten Beine und schob seine Armbanduhr ein bisschen hoch. Er streckte den Rücken, schaukelte einmal nach vorn und setzte sich aufrecht hin. Er war bereit, mit seiner Meditation zu beginnen.

Mir kam der Gedanke, dass sich der Dalai Lama nicht

sonderlich von einigen der Einsiedler unterschied, die ich in Tibet gesehen hatte. Die Einsiedler zogen sich in kleine Höhlen hoch oben im Himalaja zurück. Treue Diener brachten ihnen täglich ihre Nahrung. Ihre einzige Aufgabe: mit ihrer spirituellen Praxis weiterzukommen. Wenn der Dalai Lama auf seinem einen Quadratmeter großen Meditationskissen auf dem Fußboden saß, befand er sich in seiner persönlichen Klause – wenn auch einer gut ausgestatteten. Sein privater Raum, abgegrenzt durch den einfachen Schreibtisch und das kniehohe Holzschränkchen mit dem roten Ablagekorb, ist auf ein Kabäuschen reduziert, das nicht viel größer ist als eine Telefonzelle.

Der Dalai Lama erreichte schon nach ein oder zwei Minuten einen Zustand tiefer Meditation. Er hatte die Augen geschlossen. Die Hände lagen auf dem Schoß, und er ließ die Gebetsperlen rhythmisch durch die Finger gleiten. Nach einer Weile ließ er den Kopf hängen. Von Zeit zu Zeit strafften sich seine schlaffen Augenlider durch schnelle Augenbewegungen – so als würde eine große Murmel unter einem Handtuch vor- und zurückrollen.

Eine Stunde verging. Ohne seine Meditation zu unterbrechen, griff der Dalai Lama in ein Fach des Schränkchens zu seiner Rechten und schaltete ein Sony-Kurzwellenradio ein. Der BBC World Service ertönte nach den vier vertrauten Pieptönen. Es war 6.30 Uhr in Dharamsala, dreizehn Uhr in Greenwich. Die Hauptmeldung hatte das historische Treffen zwischen Ariel Sharon, dem israelischen Premierminister, und seinem palästinensischen Amtskollegen Mahmoud Abbas zum Thema. »Sie trafen sich in Jerusalem, um den von den USA mit entworfenen, als ›Roadmap‹ bekannten Friedensplan zu diskutieren«, sagte die Sprecherin, und ihre Stimme hallte laut in dem ruhigen Meditationsraum wider. »Das Treffen fand in Sharons stark bewachten Amtsräumen statt, und Sicherheit war eines der Hauptthemen.«

Der Dalai Lama zeigte keinerlei Anzeichen, dass er zuhörte. Aber sein Körper schien sonderbar angespannt zu sein. Er faltete die Hände und presste die Daumenkuppe fest gegen die Nase. Irgendwie wirkte er angestrengt. Es war, als könnte er, wenn er die Handflächen nur fest genug ans Gesicht presste, allein durch Willenskraft zu neuen, tieferen Einsichten gelangen.

Noch immer meditierend, griff er nach seiner Sonnenbrille – die Sonne war über der Dhaola-Dar-Kette aufgegangen, und klares Morgenlicht strömte in den Raum. Er murmelte schnell noch ein paar kurze Gebete und schaltete dann das Radio aus.

Der Dalai Lama erhob sich von seinem Meditationskissen und wechselte ins Wohnzimmer hinüber, einen wunderschönen, auf drei Seiten völlig verglasten Raum, der gut die Hälfte der zweiten Etage einnahm. Große lilafarbene Bougainvilleabüsche schmückten draußen das Gebäude und ließen das in den Raum strömende Spätmorgenlicht weicher werden. Der Dalai Lama ging zum anderen Ende des Raumes und ließ sich hinter einem niedrigen Tisch mit Druckbögen buddhistischer Schriften auf einem Kissen auf dem Fußboden nieder.

Ganz in der Nähe stand eine neue Tretmühle, das Geschenk eines deutschen Verehrers, vor einem wunderschön lackierten Buddha, der aus einem knorrigen Stück Baumstamm geformt worden war. Ich erkannte die unverwechselbare Figur sofort, denn ich war dabei gewesen, als Chen

Shui-bian, der Präsident von Taiwan, sie dem tibetischen Führer überreicht hatte. Ich stellte mir vor, dass der Dalai Lama, falls er Gebrauch von der Tretmühle machte, den Blick auf den Buddha richtete, so wie andere sich beim Trimmen ihre Lieblingssendungen im Fernsehen anschauen.

Beim Lesen der Druckbögen schrieb er von Zeit zu Zeit Anmerkungen an den Rand. Nach etwa zwanzig Minuten stand er auf und ging zu einem Sessel in der gegenüberliegenden Ecke des Raumes. Ich folgte ihm und setzte mich diskret auf einen Stuhl mit gerader Rückenlehne, der ganz in seiner Nähe stand.

»Manchmal geschehen seltsame Dinge«, sagte der Dalai Lama plötzlich. »Achtundfünfzig. Sommer. Kostbare Reliquien tauchten plötzlich in einer Ritze des Buddha-Throns in der Kathedrale von Lhasa auf. Ich erhielt einen Bericht, und man sandte mir einige Reliquien in meinen Sommerpalast. Ich hatte ein wenig Zweifel, wusste nicht, ob sie echt waren oder nicht. Der Mönch, der sich damals um die Statue kümmerte, war alt und dick. Ich traute ihm nicht so ganz. Wir machten uns immer über ihn lustig. Ich war also skeptisch und schickte einen Beamten dorthin. Er legte einen weißen Schal auf die Stelle, an der die Reliquien aufgetaucht waren, und versiegelte die Ritze. Ein paar Tage später besuchte ich den Tempel. Das Siegel war aufgebrochen. Oh, da waren viele Reliquien in einer Ritze auf dem Stuhl des Buddhas. Ich glaube, das war ein Zeichen, eine Art Abschiedsgeschenk. Denn neunundfünfzig, im März, gingen wir weg. Seltsam, nicht wahr?«

»Wie sahen die Reliquien aus?«, fragte ich.

»Weiß. Sie sahen aus wie kleine, runde Pillen. Es waren viele. Fast ein Becher voll.«

Er sah nachdenklich aus. Er starrte aus dem Fenster und ließ die Gebetsperlen rhythmisch durch die Finger gleiten. Dann wandte er sich mir zu.

»Sie haben mich in den letzten Jahren oft hier besucht«, sagte er. »Sie sind mit mir zu so vielen Orten gereist. Wann immer Sie die Möglichkeit hatten, haben Sie mir Fragen gestellt. Manchmal ziemlich dumme Fragen …« Er bekam wieder einen seiner Lachanfälle.

»Jetzt würde ich Ihnen gerne ein paar Fragen stellen«, fuhr er fort.

Hmm … okay. Das war noch nie da gewesen; das stand nicht im Drehbuch. Darauf war ich nicht vorbereitet.

»Natürlich, Eure Heiligkeit. Ich werde mein Bestes tun, Ihre Fragen zu beantworten.«

»Erstens: Nachdem Sie einiges über Tibet erfahren hatten, haben Sie das Land besucht«, begann der Dalai Lama. Ich spürte, wie sehr er sich auf mich konzentrierte. So als wolle er etwas von seiner zielgerichteten Meditationsenergie auf mich übertragen. »Sie haben dort geforscht, haben ein dickes Buch über Tibets Pilgerstätten geschrieben. Was halten Sie von den Tibetern?«

»Nun, wie Sie wissen«, antwortete ich, »kam ich zum ersten Mal mit Tibetern und der tibetischen Kultur in Berührung, als ich vor über dreißig Jahren in Dharamsala war. Für einen Chinesen aus Hongkong, der an ein temporeiches Leben gewöhnt ist, war es ein Kulturschock. Die Freundlichkeit der Menschen hier überraschte mich. Sie lachten gerne. Und ich hatte das Gefühl, dass ihnen die Leute, mit denen sie in Kontakt kamen, nicht gleichgültig waren. Nicht einmal vollkommen fremde.

Die Menschen, denen ich begegnete, als ich dann Tibet

selbst bereiste, waren genauso. Und noch eine Sache fiel sehr auf: Sie hatten mir gegenüber nie Vorurteile – obwohl sie wussten, dass ich Chinese bin. Ich musste nicht vorgeben, Japaner zu sein.

Ich weiß, dass man sich im Ausland ein sehr romantisches, idealistisches Bild von den Tibetern macht. Dieses Bild entspricht nicht der Realität. Wie die meisten Menschen können die Tibeter hinterhältig und materialistisch sein. Aber da ich sie lange Zeit beobachtet habe, kann ich ehrlich sagen: Insgesamt machen die guten Eigenschaften der Tibeter ihre schlechten Eigenschaften bei weitem wieder wett.«

»Ich denke, das ist der allgemeine Eindruck«, sagte der Dalai Lama. »Sonst würde sich im Laufe der Zeit die freundliche Einstellung der Touristen vielleicht ändern. Aber nach vierundvierzig Jahren nimmt die im Allgemeinen freundliche Einstellung gegenüber den Tibetern trotz einiger Rückschläge und Fehler sogar noch zu.«

Ich nickte. Soweit ich das beurteilen konnte, traf es sicherlich auf Dharamsala zu. Immer mehr Touristen strömten dorthin. Ihre Zahl nahm derart zu, dass die indische Regierung beschlossen hatte, die miserable Infrastruktur der Bergstation zu verbessern.

»Rücken Sie ein bisschen näher«, forderte der Dalai Lama mich auf. Ich zog meinen Stuhl zu ihm hin. »Nun, im Laufe der Zeit hat sich zwischen uns eine Freundschaft entwickelt. Und nicht nur das. Mit Ihrem Buch versuchen Sie, den Menschen von Tibet vom Dalai Lama zu erzählen. Keine Propaganda, nehme ich an. Was denken Sie über dieses Buch, über unsere Zusammenarbeit?«

Ich fand es interessant, dass der Dalai Lama das Wort

»Propaganda« verwendete. Propaganda ist etwas, worauf er sehr empfindlich reagiert. Sein ganzes Leben lang hat er die zerstörerische Wirkung der chinesischen Propaganda erlebt; etwas, das er mit allen Mitteln vermeiden will.

»Ich glaube nicht, dass das Buch Propaganda ist«, antwortete ich. »Ich versuche, über Dinge zu schreiben, die ich mit eigenen Augen sehe. Ich versuche, die Dinge so wahrheitsgemäß wie möglich darzustellen. Aber ich muss auf eines hinweisen. Ich bin nicht gerade ein unvoreingenommener, skrupelloser Enthüllungsjournalist. Im Laufe der Jahre habe ich eine enge Beziehung zu vielen Tibetern entwickelt. Ich habe eine Schwäche für Sie und für Tibet. Aber ich versuche, objektiv zu sein; ich versuche, nicht allzu blauäugig zu sein.«

Der Dalai Lama nickte. Er nahm die Brille ab und rieb sich mit den Handballen die Augen. Vielleicht machte es ihn müde, sich mein Geschwafel anzuhören. Zum ersten Mal fiel mir auf der anderen Seite des Raumes eine Holzvitrine mit vielen Büchern und Zeitschriften auf, mittendrin ganz harmlos ein großes schwarzes Kurzwellenradio, das aus einer früheren Ära stammte. In einer Ecke stand unauffällig ein kleines Foto der verstorbenen Mutter des Dalai Lama, die er sehr geliebt hatte.

Dann verfolgte der Dalai Lama seinen Gedankengang weiter. »All das ist also passiert, seit Sie mit mir in Berührung gekommen sind. Und was hat sich seitdem geändert? Haben Sie sich verändert?«

Das war ein Thema, über das ich nicht viel nachgedacht hatte, und mir fehlten die Worte.

»Tja…«, sagte ich schließlich, »ich glaube, Sie sind mein Vorbild. Ihre Fähigkeit zu vergeben. Ihre Freundlichkeit den Menschen gegenüber, selbst bei denen, die Sie gerade erst kennen lernen; Ihre hohen Moralvorstellungen; Ihre Selbstlosigkeit. Das sind die Dinge, die ich mit eigenen Augen sehe, an die ich mich halten kann. Aber ich denke, am bedeutendsten ist für mich Folgendes: Nachdem ich schließlich einige von diesen Ideen begriffen hatte, konnte ich mit meinen beiden Kindern darüber sprechen. Hoffentlich gebe ich für sie ein halbwegs annehmbares Vorbild ab.«

Der Dalai Lama hockte unbeholfen auf dem Rand des Sessels. Mir schien, als ob er es, nachdem er gerade mehr als vier Stunden auf dem Boden gesessen hatte, schwierig fand, sich auf moderne, für gewöhnliche Menschen entworfene Möbelstücke einzustellen. Er rutschte hin und her und versuchte, sich ganz nach hinten gegen die Kissen zu lehnen. Das war aber zu unbequem. Stattdessen lehnte er sich mit dem Kreuz gegen die gepolsterte Armlehne, was aber noch unbequemer zu sein schien.

»Ich würde nicht behaupten, dass ich ein besserer Mensch geworden bin, seit ich mit Ihnen arbeite«, fuhr ich fort. »Wie Sie gesagt haben, diese Dinge brauchen Zeit. Aber ich glaube, ich bin mir vieler Dinge bewusster geworden, bin sensibler geworden. Ich habe zum Beispiel eine Ahnung von den Vorzügen der Nächstenliebe. Wenn ich zu anderen nett bin, profitiere ich selbst davon. Ich habe die Befriedigung erfahren, die damit einhergeht, anderen gegenüber rücksichtsvoll zu sein. Ich zweifle nicht daran, dass Sie die Versöhnlichkeit in Person sind. Und ich habe gesehen, dass sie Ihnen Seelenfrieden verleiht. Ich habe auch etwas über die Interdependenz gelernt. Wie Sie gesagt haben: ›Wenn irgendwo etwas geschieht, sind die Auswirkungen auch dort spürbar, wo wir leben.‹ Dies sind einige der Dinge, mit denen ich konfrontiert wurde. Manche haben vielleicht tatsächlich auf mich abgefärbt, wenn auch nur für kurze Zeit. Wenn ich also noch ein Buch mit Ihnen schreibe, besteht für mich vielleicht tatsächlich noch Hoffnung.«

Der Dalai Lama lachte.

Ich beschloss, ihm nun selbst eine Frage zu stellen, eine Frage, die mir schon seit einiger Zeit im Kopf herumging. »Sie sind schon Ihr ganzes Leben lang ein buddhistischer Mönch. Ich möchte nicht über so schwierige Dinge wie Nirwana oder Erleuchtung sprechen. Aber was wollen Sie erreichen?«

Der Dalai Lama antwortete, ohne zu zögern; es war, als habe er auf diese Frage gewartet. »Ich möchte glücklich sein. Meine buddhistische Praxis hilft mir, ein sinnvolles Leben zu führen. Wenn ich andere einen kurzen Moment glücklich machen kann, dann habe ich das Gefühl, dass mein Leben einen Sinn hat. Dies verschafft mir eine tiefe Befriedigung – dieses Gefühl entsteht immer, wenn man anderen einen Dienst erweisen kann. Wenn ich also anderen helfe, bin ich glücklich. Das Wichtigste im Leben ist für mich das menschliche Mitgefühl, das Sich-Sorgen um andere.«

Unser Gespräch war zu Ende. Der Dalai Lama stand auf und ging zurück in seinen Meditationsraum. Er setzte sich wieder hinter seinen Schreibtisch und betete. Ich nahm Platz auf einem einzeln stehenden dunkelroten Klappstuhl nahe dem Eingang, ein paar Meter von ihm entfernt. Ich sah das Profil des Dalai Lama. Durch die Glaswand hinter ihm waren die steil abfallenden Bergkämme der Dhaola-

Dar-Kette zu erkennen, nun im strahlenden Sonnenlicht. Links von mir befand sich die prächtigste und heiligste Sammlung tibetischer Kunstgegenstände, die alle ordentlich und hinter Glas auf einem Altar angeordnet waren. Die fantastischen Figuren und Bilder – hunderte großer und kleiner Statuen, jahrhundertealte tibetische Wandbehänge in leuchtenden Gesteinsfarben, alle legendärer Herkunft – betörten die Sinne. Ich war mir der vitalen Energie des Dalai Lama bewusst, seiner grundlegenden Güte, die alle Objekte in diesem Raum und den Raum selbst durchdrang, das Ergebnis tausender von Stunden, die er hier mit Meditation und Gebeten verbracht hatte.

19. Kultivierter Geist, ruhiger Geist

Die beiden tibetischen Ärzte kamen zum wöchentlichen Check-up des Dalai Lama in die Residenz. Dr. Namgyal erschien als Erster am Eingang zum Meditationsraum. An der Schwelle warf er sich dreimal vor dem Dalai Lama nieder. Dr. Tseten folgte seinem Beispiel. Falls es sie überraschte, mich dort zu sehen, ließen sie es sich nicht anmerken. Ihre ganze Aufmerksamkeit galt dem geistlichen und weltlichen Führer des tibetischen Volkes.

Dr. Tseten gab seinem Kollegen ein Zeichen, mit der Untersuchung zu beginnen. Dr. Namgyal, ein schlanker Mann in den Dreißigern, der ein langes schwarzes Gewand mit hochgeschlagenem Mandarinkragen trug, war Spezialist in tibetischer Medizin. Er kniete sich auf dem dicken Teppich vor dem Dalai Lama nieder. Dieser beugte sich nach vorn und stützte den linken Ellbogen auf dem Oberschenkel ab, den Unterarm nach oben gerichtet. Behutsam legte der Arzt beide Hände um das Handgelenk des Dalai Lama. Seine Finger flatterten und tanzten, als würde er Flöte spielen; er suchte nach feinen, winzigen Veränderungen der Energiebahnen seines Patienten. Die Köpfe der beiden Männer berührten sich beinahe. Der eine trug die sattesten Kastanienbraun- und Ockertöne, der andere das dunkelste Schwarz. Sie erschienen mir wie zwei große Raubvögel unterschiedlicher Spezies und mit völlig unterschiedlichem Federkleid, dicht zusammengekauert, sodass sich der eine auf den Herzschlag des anderen einstellen konnte.

Mit tiefer, dröhnender Stimme teilte der Dalai Lama dem Arzt etwas auf Tibetisch mit. Dr. Namgyals Antwort war ein leises Flüstern. Nach ein oder zwei Minuten ließ er das Handgelenk seines Patienten los. Der Dalai Lama hielt ihm die andere Hand hin. Dieses Mal untersuchte der Arzt den Puls mit den Fingern der linken Hand.

Als Dr. Namgyal fertig war, näherte sich Dr. Tseten, der im Westen ausgebildet worden war, dem Dalai Lama und legte ihm ein aufgeschütteltes Kissen auf den Schoß. Der tibetische Führer legte den rechten Arm darauf, Dr. Tseten nahm sein Stethoskop und maß den Blutdruck seines Patienten. Währenddessen plauderte der Dalai Lama mit ihm, stellte Fragen und erstattete Bericht. Offensichtlich war er über seinen Gesundheitszustand gut unterrichtet und tat viel für die Erhaltung seiner Gesundheit.

Nach zehn Minuten verließen die Ärzte so leise, wie sie gekommen waren, den Raum.

Der Dalai Lama setzte sich wieder auf sein Meditationskissen, wandte sich mir zu und sagte: »Und jetzt noch ein paar Fragen.«

Er wollte also mit seinem Interview fortfahren. Sein neuer Job schien ihm Vergnügen zu bereiten. Zur Abwechslung stellte er die Fragen. Auch ich fand Gefallen an dem Rollentausch. Er bot mir die Möglichkeit, mich auf andere Weise mit meinem Koautor auseinander zu setzen. Und er zwang mich, über Dinge nachzudenken, denen ich bis dahin wenig Aufmerksamkeit geschenkt hatte.

»Sie wurden als Kind chinesischer Eltern geboren, sind aber, glaube ich, in einer eher westlich ausgerichteten Gesellschaft aufgewachsen«, sagte der Dalai Lama.

»Ja, das könnte man so sagen«, antwortete ich. »Die ersten zwanzig Jahre meines Lebens verbrachte ich in einem Hongkong, das noch sehr chinesisch war. Meine Mutter sprach kein Englisch. Ihre Mentalität, ihre Gewohnheiten waren eindeutig sehr chinesisch. Aber Hongkong war eine britische Kolonie, und ich besuchte eine britische Schule. Ich wurde also chinesisch erzogen, aber auch von der westlichen Lebensart beeinflusst.«

»Hmm… hmm.« Der Dalai Lama ließ sich die Sache durch den Kopf gehen. »Nun, Sie haben jetzt mehr Kontakt zu den Tibetern… die Tibeter sind Asiaten. Die Chinesen und die Tibeter haben etwas gemeinsam: den Buddhismus. Also erfahren Sie jetzt mehr von der asiatischen Kultur.«

Ich konnte nicht ganz folgen, wusste nicht genau, worauf er hinauswollte.

»Ich verließ Hongkong, als ich zwanzig war«, versuchte ich mein Glück. »Seitdem habe ich die meiste Zeit im Westen verbracht. Aber ich habe auch vier Jahre lang in Nepal gelebt und war sehr oft in Tibet. Die Jahre im Himalaja haben mich sehr stark beeinflusst. Aufgrund meiner Beziehung zu Tibet und der Beschäftigung mit dem tibetischen Buddhismus weiß ich die asiatische Kultur sicher mehr zu schätzen.«

»Eine japanische Beobachterin bei einer der Mind-and-Life-Konferenzen«, fuhr der Dalai Lama fort, »sagte nach der Konferenz zu mir: ›Bis heute hatte ich immer das Gefühl, dass wir Asiaten, obwohl wir natürlich eine reiche Tradition haben, nicht in der Lage sind, Forschung zu betreiben. Wir fühlen uns immer wie Forschungsobjekte der westlichen Welt. Diese wissenschaftsorientierten Menschen beobachten uns ständig. Wir sind nicht in der Lage, das Gleiche zu tun.‹ Nach der Konferenz hatte sie jedoch das Gefühl, dass wir Asiaten mit unserer asiatischen Tradition ebenfalls die Fähigkeit haben, die Realität auf ähnliche Weise zu untersuchen. Hatten Sie jemals das Gefühl, dass wir zwar eine reiche, aber etwas veraltete Tradition haben?

Dass sie in der modernen Zeit nicht sehr nützlich ist, nicht zeitgemäß? Dass der Westen uns überlegen ist?«

Fast alle, die in einem Land der Dritten Welt aufgewachsen sind, führen irgendwann in ihrem Leben diese Diskussion. Der Westen ist so hoch entwickelt; seine Bewohner sind so reich und klug. Da können wir aus dem Osten nicht mithalten.

»Nun ja, ich bin in den Fünfziger- und Sechzigerjahren in Hongkong aufgewachsen«, antwortete ich. »Damals war China als der ›kranke Mann Asiens‹ bekannt und Hongkong kulturell eine Wüste. Da ich unter britischer Herrschaft lebte, empfand ich die chinesische Kultur als minderwertig – zumindest die chinesische Kultur, wie wir sie in Hongkong kannten. Wir waren technologisch rückständig, und die Kluft wurde schnell größer. Dieses Gefühl wurde noch verstärkt, als ich als Student am Enrico-Fermi-Institut in Chicago physikalische Forschungen betrieb. Ich lernte etwas über die Quantentheorie und über Teilchenbeschleuniger, und ich war starr vor Ehrfurcht.«

»Da Sie jetzt mehr über Tibet wissen«, fuhr der Dalai Lama mit seinen Fragen fort und beugte, immer noch im Lotussitz, den Oberkörper nach vorn, »verstehen Sie die tibetische Kultur und den tibetischen Buddhismus besser. Beides wäre ohne eine asiatische intellektuelle Tradition nicht möglich. Haben Sie jetzt eher das Gefühl, ein Asiate zu sein? Eine Art Nationalbewusstsein? Wir sind Asiaten, wir sind Chinesen, wir sind Tibeter. Mehr Selbstbewusstsein?«

Der Dalai Lama hatte nie jemanden zum Buddhismus bekehrt. Seit Jahrzehnten vertritt er die Meinung, dass es für uns besser ist, wenn wir uns an die Traditionen unserer eigenen Kultur halten. Nun schien er zum ersten Mal, seit ich ihn kannte, auf Komplimente aus zu sein. Er war wie ein stolzer Vater, der mit seinem Erstgeborenen prahlt. In einem seltenen Moment der Offenheit ließ er seine tief sitzende Bewunderung für den Buddhismus durchschimmern. Ich verstand das. Schließlich praktizierte er den Buddhismus bereits seit sechs Jahrzehnten. Er war wie ein Olympiateilnehmer, der dank einer unglaublichen Disziplin und eines brutalen Trainings endlich seinen ihm zustehenden Platz auf dem Podest einnehmen konnte. Und so, wie ich den Olympiateilnehmer bewundere, der eine Medaille gewinnt, gönnte ich es dem Dalai Lama, ein kleines bisschen Stolz zu zeigen.

»Als ich Sie 1972 kennen lernte«, sagte ich, »wurde ich von einer gewissen Neugier gepackt, etwas über den Buddhismus zu erfahren. Ich beschäftigte mich mit Zen, Taoismus und Vipassana. In den letzten Jahren habe ich, dank Ihrer Hilfe, etwas über den tibetischen Buddhismus gelernt. Und ich habe gedacht: Dieses zweitausendfünfhundert Jahre alte Gedankengut ist von immenser Relevanz für die heutige Menschheit – ein echtes Juwel. Es zeigt uns gangbare Wege zu seelischem Wohlbefinden auf. Und wie die Wissenschaftler nun festgestellt haben, ist es auch gut für unsere Gesundheit. Ja, ich bin stolz, dass ich etwas über den Buddhismus weiß – eine Weisheitstradition, die aus Asien stammt. Wie Jean-Jacques Annaud, der Filmregisseur, einmal sagte: ›Der Buddhismus ist überall.‹ Und bei Amazon.com gibt es mittlerweile zwanzigtausend Bücher über den Buddhismus.«

Um 11.30 Uhr kam Paljor-la mit einem großen beladenen Tablett herein. Er stellte es auf einen kleinen Couchtisch vor den Dalai Lama, der jetzt in seinem Ecksessel saß. Auf dem Tablett standen mindestens zehn Teller und Schüsseln. Wie für viele buddhistische Mönche ist auch für den Dalai Lama das Mittagessen die wichtigste Mahlzeit.

Der Dalai Lama hatte Hunger. Er war seit 3.30 Uhr auf den Beinen, und das Frühstück war sechseinhalb Stunden her. Er beugte sich ungeduldig vor und nahm schnell die Deckel von den Schüsseln. Es war ein üppiges Mahl, und es duftete herrlich: runde tibetische Brote, Suppe, ein paar Teller mit köstlich aussehendem, kurz angebratenem Gemüse, ein Teller mit rohem Rettich und eine große Portion von etwas, das wie vietnamesische Frühlingsrollen aussah. Erwartungsvoll begutachtete der Dalai Lama den Festschmaus. Er griff nach einem Stück Brot und biss ab. Während er es kostete, schaute er hoch und bemerkte, dass ich in respektvollem Abstand daneben stand und ihn fasziniert beobachtete. Er lenkte seine Aufmerksamkeit wieder auf die Speisen. Nach kurzem Zögern nahm er dann den Teller mit Rettich in die Hand.

»Nehmen Sie ein Stück«, sagte er und hielt mir den Teller hin. Gehorsam nahm ich eins.

»In den letzten sechs Monaten habe ich meistens vegetarisch gegessen«, erzählte er mir, während er seine Suppe löffelte. »Fast kein Fleisch mehr, nur ab und zu mal getrocknetes Yak-Fleisch aus Tibet. Ich habe früher, 1965, schon einmal versucht, Vegetarier zu werden – und bin es zwanzig Monate lang geblieben.« Er stellte die Suppenschale hin und nahm sich eine von den Frühlingsrollen.

»Zurzeit nehme ich die Sache nicht so genau. In großen Hotels esse ich auch gerne Fleisch.«

»Probieren Sie mal«, sagte der Dalai Lama und reichte mir ein Stück. Der leckere Teigmantel passte ausgezeichnet zu der köstlichen Füllung: Scheiben getrockneten Yak-Fleisches mit seinem typischen intensiven Geschmack, gemischt mit Glasnudeln und knusprigem Gemüse. Es schmeckte hervorragend. Der Dalai Lama hatte offensichtlich einen exzellenten Koch.

»Gut?«

»Köstlich.«

Der Dalai Lama nickte. »Machen Sie eine Pause, und kommen Sie um fünf wieder. Danke, auf Wiedersehen.«

Als ich an diesem Nachmittag um fünf in die Residenz des Dalai Lama zurückkehrte, saß er wieder auf dem Meditationskissen hinter seinem Schreibtisch. Um den Oberkörper hatte er ein blassgelbes Handtuch gewickelt, und sein rostfarbener Sarong bauschte sich um seine Hüften und Beine. Der Fernseher, ein neuer Sony Wega, der in einem Schrank neben dem Altar stand und normalerweise nicht zu sehen war, war eingeschaltet, der Ton leise gedreht. Der Dalai Lama, die rechte Hand auf der Fernbedienung, sah konzentriert eine Sendung des Discovery Channel. Eine majestätische chinesische Dschunke mit drei Masten, die im Südchinesischen Meer segelte, kreuzte geschickt zwischen smaragdgrünen Inseln. Nach einigen Minuten schaltete er auf einen anderen Kanal um. BBC World brachte den aktuellen Satelliten-Wetterbericht.

Den Blick noch immer auf den Bildschirm gerichtet,

fragte der Dalai Lama: »Wissen Sie, wie viele Leute in Hongkong über hundert Jahre alt sind? Vor kurzem habe ich in Tawang etwa fünfzehn Leute kennen gelernt, die über neunzig waren. An einem anderen Ort begegnete ich einem Mann, der sagte, er sei hundert. Aber er sah kaum älter als sechzig aus.«

»Der Vater meines Vaters war über neunzig Jahre alt«, wich ich seiner Frage aus. Ich hatte keine Ahnung von der Altersstatistik in Hongkong. »Obwohl er ein überzeugter Opiumraucher war.« Den Dalai Lama schien diese Information leicht zu überraschen, und er wusste nicht genau, ob er mir glauben sollte oder nicht.

»Und in Sikkim«, fuhr er fort, »lernte ich auch ein paar über Neunzigjährige und einen über Hundertjährigen kennen. Vor einigen Jahren erzählte mir eine Nonne, als ich dort war, sie sei hundert. Sie sah aber aus wie siebzig.«

»Seelenfrieden«, sagte ich und spielte damit auf die Überzeugung des Dalai Lama an, dass Seelenfrieden zu einem langen, gesunden Leben führen kann.

»Ich glaube, ihr Leben ist einfacher«, sagte der Dalai Lama. »Zweifellos spielt der Seelenfrieden eine Rolle. Es gibt zwei Arten des Seelenfriedens. Die eine: Das Leben ist sehr einfach. Deswegen gibt es nicht so viele Dinge, die den Seelenfrieden stören. Die andere: Der Geist ist sehr kultiviert; er weiß viele Dinge. Aber im Kern ist der Geist ruhig.« Er zeigte mit dem Finger auf seine Nase. »Wie ich.« Dann neigte er den Kopf nach hinten und lachte lange und laut.

»Aber wie erreicht man diesen Seelenfrieden?«

»Analysieren«, sagte er.

»Analysieren?«

»Denken Sie zum Beispiel an meine fürchterlichen Magenschmerzen in Patna. Wenn es eine Möglichkeit gibt, den Schmerz zu beseitigen, besteht kein Grund zur Besorgnis – weil es eine Lösung gibt. Gibt es keine Lösung, besteht auch kein Grund zur Besorgnis – weil man nichts tun kann. Und noch etwas: Es ist sehr nützlich, die Schmerzen mit noch größeren Schmerzen zu vergleichen. Das vermittelt sofort das Gefühl: ›Oh, verglichen mit jenem Schmerz ist dieser gar nicht so schlimm.‹ Und man fühlt sich sofort besser.«

Der Dalai Lama griff in den roten Ablagekorb auf dem Holzschränkchen und nahm einige Papiere heraus.

»Ich habe einen Brief aus Taiwan bekommen.« Er faltete zwei Seiten auseinander und suchte nach einer bestimmten Stelle. Dann las er laut vor: »›Ich war ein übellauniger Mensch und habe andere Leute oft gekränkt. Aufgrund meiner Habgier habe ich als Teehändler Verluste gemacht, und von Zeit zu Zeit litt ich Seelenqualen. Doch dann lernte ich etwas über den Buddhismus, und ich erkannte die schlechten Seiten des Verlangens. Nach und nach bekam ich meine Übellaunigkeit unter Kontrolle. Ich kritisiere andere Menschen nicht mehr so schnell.‹« Der Dalai Lama legte den Brief auf seinen Schoß, sah zu mir herüber und strahlte zufrieden.

»Dann hat er, glaube ich, noch etwas erwähnt.« Er ließ die Augen über die Seite wandern und las dann wieder laut vor: »›Eines Tages, als ich mit jemandem Geschäfte machte, nahm ich plötzlich die Bedürfnisse meines Konkurrenten wichtiger als meine eigenen. Das war eine neue Erfahrung.‹« Der Dalai Lama schaute triumphierend hoch und las dann weiter. »›Das war mir noch nie in meinem Leben passiert. Jetzt fühlen sich meine Familie und meine Freunde wohler mit mir, und mit meinem Geschäft geht es aufwärts.‹« Der Dalai Lama kratzte sich am Kopf und lachte wieder einmal.

Um 17.30 Uhr kam Paljor-la mit einem Tablett herein, auf dem zwei Thermosflaschen und ein mit einer Serviette zugedeckter Teller standen. Er stellte einen Becher auf den Schreibtisch des Dalai Lama und füllte ihn mit dampfendem Tee. Der Dalai Lama nahm die andere Thermosflasche und füllte den Becher mit heißer Milch auf. Als Paljor-la gerade gehen wollte, hob der Dalai Lama die Serviette an einer Ecke hoch und schaute nach, was sich auf dem Teller befand. Er sagte etwas zu seinem Diener, der um eine Ecke verschwand und mit einer großen Plastikdose mit Kräckern zurückkam. Der Dalai Lama kramte vorsichtig in der Dose herum. Dabei nahm er sich Zeit. Schließlich wählte er einen runden Kräcker aus und reichte ihn mir.

»Unsere Zeit ist um. Danke, auf Wiedersehen«, sagte er. Von seinem Kissen aus streckte er mir beide Hände entgegen. Ich bückte mich, nahm seine Hände in meine und berührte sie mit der Stirn.

»Danke, Eure Heiligkeit«, sagte ich.

Eine Frage nagte an mir, als ich die Residenz des Dalai Lama verließ. Was war auf dem Teller gewesen? Etwas Sündiges und Leckeres? Der Dalai Lama durfte wie alle tibetischen Mönche nach der Mittagsmahlzeit nichts Kräftiges mehr essen. Ich musste lächeln, als ich in meinen Kräcker biss …

DANKSAGUNG

Als Erstes möchte ich vor allem Seiner Heiligkeit dem Dalai Lama danken. Ohne seine beharrliche Unterstützung und seine freundliche Ermutigung würde dieses Buch nicht existieren. Ich weiß mich außerordentlich glücklich zu schätzen, dass ich im Laufe der Jahre so viele Stunden in der mitfühlenden Gegenwart Seiner Heiligkeit verbringen durfte. Ich fühle mich geehrt.

Zu großem Dank verpflichtet bin ich Tenzin Geyche Tethong, dem Privatsekretär Seiner Heiligkeit des Dalai Lama. Er hat sich von Anfang an mit großem Enthusiasmus für dieses Projekt eingesetzt und mir mit dem ihm eigenen Takt und seiner Hilfsbereitschaft durch viele schwierige Situationen geholfen.

Ngari Rinpoche versorgte mich mit jeder Menge Glukosekeksen und mit Coca-Cola, die im hoch gelegenen Spiti-Tal nur schwer zu bekommen ist. Er war ein unaufdringlicher, aufmerksamer und unerschütterlicher Befürworter des Buches. Seine aufrichtige Freundschaft und die ungewöhnliche Zeit, die wir zusammen in Indien, Europa und Nordamerika verbracht haben, bedeuten mir sehr viel.

Tenzin Namdak Taklha ist der Kopf hinter vielen meiner längeren Reisen mit Seiner Heiligkeit. Die Art und Weise, wie er die unzähligen Einzelheiten, die mit solch schwierigen Unternehmen verbunden sind, regelte, sucht ihresgleichen. Ich bin ihm zu Dank verpflichtet für seine Fairness und für die Professionalität, mit der er meinen zahlreichen, oft in letzter Minute gestellten Bitten nachgekommen ist.

Während der Interviews, die ich in Dharamsala mit Seiner Heiligkeit geführt habe, war Lhakdor immer an meiner Seite. Seine Anwesenheit war für mich beruhigend, und ich habe es genossen, mit welcher Klarheit er mir die schwierigeren Gedankengänge Seiner Heiligkeit erklärt hat. Seine Herzlichkeit, sein großer Humor und seine umfangreichen Kenntnisse der Lehre Buddhas haben mir geholfen, die Tonlage dieses Buches zu finden.

Im Laufe der Jahre haben Lodi Gyari, Samdhong Rinpoche und T. C. Tethong unendlich viel Zeit für dieses Projekt geopfert. Ich weiß unsere tief gehenden Gespräche und ihre scharfsinnigen Ratschläge sehr zu schätzen, und ich bin dankbar für die Freundschaft dieser weisen Männer aus Tibet.

Die Tibet-Büros in Nordamerika, Europa und Asien haben bei der Organisation meiner Reisen mit Seiner Heiligkeit geholfen. Ich möchte vor allem Dr. Nawang Rabgyal, Tenzin Atisha, Tsegyam, Kesang Takla, Chhime Chhoekyapa, Tashi Wangdi und Kelsang Gyaltsen danken. Mein Dank gilt auch Jetsun Pema, Tsering Taklha, Chuki Tethong, Dr. und Mrs Tseten Sadutshang und Joyce Murdoch in Dharamsala für ihre großzügige Unterstützung und ihre Gastfreundschaft.

Noah Lukeman, mein Agent, und Amy Hertz, meine Lektorin bei Riverhead, haben sich auf dieses Projekt eingelassen und es von Anfang an gefördert. Ein Dankeschön auch Marc Haeringer und Julie Grau bei Riverhead für ihr großartiges Engagement während der letzten Phase des Projektes. Das Buch hat enorm von der klugen redaktionellen Betreuung von Barbara Pulling, Laurie Wagner und Nancy Pollak profitiert.

Ich möchte meine Dankbarkeit gegenüber Professor Pitman Potter, dem Leiter des Institute of Asian Research der University of British Columbia, zum Ausdruck bringen. Er hat dieses Projekt schon zu einem frühen Zeitpunkt begeistert unterstützt und war während des Besuchs Seiner Heiligkeit in Vancouver im Jahr 2004 mein Fels in der Brandung und eine Quelle der Inspiration.

Jacquie Massey, eine stets gut gelaunte und verständnisvolle enge Freundin der Familie, hat zahlreiche Entwürfe des Buches gelesen. Ihre Kritik erwies sich für mich als unentbehrlich, und ich habe mich sehr stark auf ihr hervorragendes Feingefühl verlassen. Meine Schwester Bonnie bot mir moralische Unterstützung und spendierte mir gelegentlich ein Flugticket. Dr. Howard Cutler und Manuel Bauer waren hin und wieder meine Reisegefährten. Ich bin ihnen sehr dankbar für ihre Gesellschaft und ihr Wohlwollen.

Susanne Martin, meine Frau, war von Anfang an dabei. Sie war die Erste, die einen Rohentwurf las, und die Letzte, die das Buch absegnete. Sie geizte mit ihrem Lob und war mitfühlend, wenn sie schlechte Nachrichten für mich hatte. Über ein Jahrzehnt lang hat sie all meine Vorhaben, ob realistisch oder nicht, selbstlos unterstützt. Ihre Großzügigkeit und Vorbehaltlosigkeit waren mir unentbehrlich, und ihre Warmherzigkeit und liebevolle Gegenwart prägen unser Zuhause. Dieses Buch ist für Susanne und unsere Töchter Lina und Kira.

Victor Chan

»Kaum jemals dürfte sich ein Mensch, der von seinem Volk als Gott verehrt wird, so offen über seine persönlichen geistigen Erfahrungen und Anschauungen geäußert haben.«

Seine Heiligkeit der
XIV. Dalai Lama
DAS BUCH DER FREIHEIT
Die Autobiographie des
Friedensnobelpreisträgers
Aus dem Englischen von
Günther Cologna
416 Seiten
mit 16 Seiten Bildteil s/w
ISBN 978-3-404-61239-0

Ein dramatisches Schicksal erwartete den kleinen Bauerssohn, der im Alter von zwei Jahren zum Gottkönig von Tibet bestimmt wurde, zum XIV. Dalai Lama. Als Fünfzehnjähriger musste er der Großmacht China die Stirn bieten, und seit nunmehr über vierzig Jahren kämpft er im Exil für die Freiheit seines Volkes. Sein Lebensbericht ist ein bewegendes Plädoyer für Gewaltlosigkeit und Völkerverständigung sowie die spirituelle Offenbarung eines wahrhaft Großen unserer Zeit.

Mit zahlreichen Abbildungen

Bastei Lübbe Taschenbuch